作家與作品

謝冰瑩著

三民叢刊 26

三民書局印行

作家與作品

記孫伏園

民國十六年，我在軍校的女生隊受訓，認識了孫伏園和林語堂兩位先生。

孫伏園先生，是浙江紹興人，生於一八九四年，當他在三十多歲的時候，就蓄了滿嘴的鬍子，害得許多人都稱他伏老，伏老；其實，他那裏有半點老的現象呢？紅潤而肥胖的臉，炯炯發光的眼睛，精神飽滿，即使和他談上三四個鐘頭的話，也從來沒有看見他打過呵欠；走起路來，更是健步如飛。記得在重慶，有一次我們從棗子嵐椏小鹿那裏到中國文藝社去找華林，走到觀音岩的中途，我便氣喘喘地實在走不動了，他回過頭來諷刺我說：

「眞不中用，赳赳女兵還不如我這個老頭子。」

爲了不甘示弱，我用事實來回答他，拼命地爬了幾個坡，伏老怕我摔交，連忙來扶住我。說良心話，我實在趕不上他，不要說上坡，就是走平地，我也會落後，主要原因，是我有心臟病，而他是健壯的。

我第一次和伏老會面，是在民國十六年的夏天，那時革命軍剛由廣州打到武漢不久，伏老在主編漢口中央日報副刊。兩位愛好文藝的男同學冰川和小海，要帶我去看伏老，我不敢去，怕他有架子，不高興接待我這個初出茅蘆的鄉下姑娘。

「不會的，我們在北平的時候，常去看他，那時他主編晨報副刊，我還投過稿呢。」

冰川這麼向我打氣。

「他登了你的文章嗎？」

「登了！而且還給我稿費，約我去聊天。告訴你，他最喜歡交小朋友呢。」

雖然那時我已經不算小了，但在伏老的面前；尤其是學問方面，我自然是個孩子。就這樣，在一個星期日的下午，小海和冰川帶我去見伏老。那天他也許很忙，同時還有別的客人在座，他沒有買糖招待我，回來我寫了一封信向他發牢騷，他立刻回信給我；而且允許將來修一條糖馬路，由武昌的漢陽門起，到漢口的一號碼頭止。由此也可以想見伏老是一位如何有趣的人物。

在這兒，我要特別感謝他的，是他領導我走上了文學之路，「從軍日記」如果不是他和林語堂先生兩人作主，我是絕對沒有勇氣出版的；可是在另一方面我也要怪他，當初我要是不走文學這條路，也許沒有現在的窮，沒有現在的苦惱。

底下應該介紹一下伏老的爲人和他的著作。

民國十年，他畢業於北京大學中國文學系，民國二十年，畢業於法國巴黎大學。曾任北大講師，北京晨報記者和副刊主編。民國十四年任廣州中山大學教授，十五至十六年任漢口中央日報主筆兼副刊主編；十七至二十年，他與乃弟福熙留學法國。回國後，就擔任平教會定縣實驗區主任，在二十六至二十七年之間還當過湖南衡山實驗縣的縣長。後來到了成都，任華西大學教授。在當縣長期間，有許多有趣可笑的軼事，至今還在許多朋友中的口裏流傳着。

有一次，有許多隊伍開到了衡山，某大隊長跑到衙門去找縣長要挑夫一百名，而且當晚就要交人；伏老最反對這種拉夫的辦法，他主張應該在事前加以宣傳，發動民衆自動地來幫忙軍隊服務。

起初是科長秘書和那人交涉，對方來勢洶洶，而且口口聲聲要見縣長，不得已，秘書只好據實報告，伏老立刻出來接見這位不好對付的客人。

「你就是縣長嗎？」那人毫無禮貌地問。

「是的，先生有何貴幹？」伏老很客氣地回答他。

「你還裝不知道，我不是向你要民夫一百名，限今天晚上就要交嗎？」

伏老點了點頭，微笑着回答：「呵，呵！」

那位老粗見伏老沒有答覆到底民夫有沒有，他不免大發雷霆，很生氣地問：

「豈有此理，你爲什麼不答覆我的問題？你叫什麼名字！」

伏老仍然不生氣，微笑着回答他：

「我叫孫伏園。」

「喝！你是那個文學家孫伏園先生嗎？」

那人不由自主地站起來立正。

「是的，過去我曾經寫過一些文章。」

「唉！我眞是有眼不識泰山，我常常拜讀孫先生的大作，請先生恕我無禮，那麼關於一百名民夫的事，不敢再勞駕了。」

就這樣，孫伏園三個字，嚇退了那位二尺五軍官，也替那一百名挑夫解除了重擔。

像這一類的故事還有很多，但限於篇幅，我只能擧一個例子。

民國十七年我來到上海，一位朋友替我找到了一間最便宜的房子，誰知道那就是綁匪之家，等到有一天他們犯了案子，逃的逃了，沒逃的也被捕了，連我這倒楣的房客也在內。

在法國巡捕房，我過了三天沒有吃飯、也沒有喝水的日子；後來要不是伏老來營救，還不知道要關到什麼時候呢？說不定還要受刑，甚至有生命的危險。

那時候伏園辦了一個綜合性的刊物，叫做「貢獻月刊」，社址就在他的家——哈同路民厚南里，我常常在星期六或星期天去看他，回來總要帶幾本剛出版的文藝刊物。

伏老的樣子，長得像個法國人，特別是他的鬍子，又黑又長，有點像法國大作家巴爾札克的畫像。

伏老是愛好自由，有正義感的。十多年來看不到半點他的消息，他絕不肯被共匪奴役的，說不定他已經……

唉！處在那種人人自危，朝不保夕的環境裏，誰又知道誰能活多久呢？

伏老在抗戰期間，對於文化的貢獻是很大的，他曾任軍委會的設計委員，兼士兵月刊社社長；齊魯大學國文系主任、教授。後來又到大竹去任鄉村工作人員訓練班主任；又辦了一個中外出版社，上至社長，下至編輯、校對，他都要負責。那時候，他住在美專校街一座小小的危樓上，走起路來地板搖動，好像地震一般。他常喜歡跑到附近一家小酒舖去喝大麯，下酒的老是幾塊豆腐乾和一碟花生米。

抗戰勝利以後，大家爭先恐後地搶着出川，我問他什麼時候走，他說：

「我才不走呢，大家都走了之後，四川就不擠了，我可以一個人從從容容地把所有四川的名勝遊遍，然後再做出川的打算。」

伏老的眼光眞不錯，抗戰勝利後，許多人都搶着出川；但他卻悠哉游哉地住在成都享清福。那時候，他除了執教華大和川大外，還幫助一位李小姐主持新民報的副刊。

在我認識的許多作家裏面，伏老算是最誠懇最可敬的一位，他永遠沒有怒容，只有微笑。不論是老朋友，或者是初次去拜訪的客人，他都以同樣熱忱的態度來接待，沒有絲毫架子，也不顯出很忙的樣子來使客人感到不安；那怕他實在因爲太忙，只能和你談幾句簡單的話，也能給你一個極和藹極親切的印象。他的著作過去散見在各雜誌、各大報紙上的很多，印成專集的只有「伏園遊記」，「山野掇拾」（與福熙合著），「魯迅二三事」等。

凡是年紀在三十五歲以上，而又是從大陸來臺的讀書人，很少有不知道孫氏兄弟的。本刊上期刊載的散文「清華園之菊」，作者孫福熙先生便是伏園先生的胞弟，不但文章寫得美，繪畫更是有名，他和伏園先生都是寫遊記的能手。現在我們且來欣賞一下這篇「長安道上」。

在民國十三年，伏園先生曾到過河南、陝西、山西旅行，這是用書信體裁寫給朋友的遊記，內容眞是太豐富了！在短短的一萬字裏面，有關「黃河」的敍述與描寫，讀了它，可以拿來和「老殘遊記」比較，兩人的筆調雖然各有春秋；但關心黃河水患，愛國愛民是一樣的。

也許伏園先生在陝西逗留的時間比較久，所以他搜集的材料也特別多。例如西安的民情風俗，日常生活，社會學校，都有詳盡的敍述。

易俗社這歷史悠久的劇團，曾經培植過許多人才，用戲劇改良過社會許多不良的風俗，這是社會教育的一種。許多人到了陝西，聽到秦腔之後，便覺得聲音太高昂，難以入耳；可是伏老是讚美他們的。他不但喜歡長安的民衆，連狗他也喜歡。

伏老很會幽默，他罵有些人不如狗，就用這麼一個故事來諷刺：因爲他的身材又矮又胖，所以有人懷疑他是日本人；他害怕穿了西裝，長安的狗會咬他；於是特地帶了兩件長袍來。結果，他看見長安的狗非常友善，對他很客氣，所以就用不着打開箱子了。

這裏隱喻着長安沒有人歧視他，把他當做日本人看待。

在這篇遊記裏，有很多富於人情味的描寫：當他在船上的時候，船夫看見他打開罐頭吃鷄吃肉，覺得非常奇怪，他把空罐送給他們，對方還千謝萬謝；等他愛上了一隻碗，也許是宋瓷，他向船夫索取的時候，他們很慷慨地送給他，使他又感激，又覺得難爲情。

在風俗描寫方面，他舉出很多有趣的例子：在一次鄉下看戲的場所，一個男子冒失地吻了一個女人，而且咬了她的舌頭；於是好打抱不平的人，馬上把那個冒失鬼的頭砍下來掛在那裏示眾。伏老說，這倒很痛快，假如交給法院，還不知要拖多久呢。（大意如此）

伏老是善於搜集材料的，他的遊記，絕不是浮光掠影，而是深入一層的寫法。每一句，每一段，都是言之有物，含有寓意，使讀者能在他輕鬆流利的筆調中，得到許多知識；可惜他沒有去遊華山，也沒有去華清池看看楊貴妃沐浴的地方；還有西安的碑林、大小雁塔、寒窰（有人說是假的）；否則他更會寫出許多好的文章出來呢！

憶林語堂先生

林語堂先生逝世一年多了，這篇文章，早就應該在一年前寫的；但每次一提筆，就抑制不住心頭的悲痛，千頭萬緒，不知從何寫起。在我的感覺中，彷彿我爲他祝壽寫的「遙遠的祝福」是昨天的事，怎麼突然林先生不在人間？

——我不相信他去得這麼快，也許這消息不可靠吧？

的確，我的腦海裏，曾發生過這樣的愚問；但仔細一想，再重看一遍新聞，證實這是千眞萬確的消息，別的消息可以不眞實，有關生死大事的新聞，怎麼可以假呢？

於是我傷心，我流淚，我難過得幾夜失眠，除了寫信慰問林夫人外，我想寫篇悼念林先生的短文，那怕幾百字也好；但我無法成文。

記得曾在報上看到一則新聞，說語堂先生得了一種怪病，看見老朋友就流淚不止，後來吃了一位中醫的藥才治癒，我的眼睛也有相似的情形，遇到心裏有什麼悲哀或不如意的事；

或者看電視，看到傷心的地方就流淚不止。爲了林先生的去世，我也不知流過多少眼淚，主要原因，是我認識林先生有半個世紀，而我走上寫作這條路，又是他老人家和孫伏園先生兩人的導引，他們對我的愛護與關懷，眞是無微不至；當我在上海藝大讀書時，過着窮愁潦倒、苦不堪言的生活，假若不是林、孫兩位先生給我安慰，給我鼓勵，也許我灰心洩氣，早作了黃浦江的幽靈。

那時候，我從故鄉逃婚到上海，除了在漢口的「中央日報」認識他們兩位作家以外，可說舉目無親。他們堅持主張我出版「從軍日記」，我拚命反對，最後還是印出來了；當時因爲有林語堂先生的序在捧場，銷路直線上昇；但我拿到的版稅有限，每次三元、五元的拿，我又喜歡熱鬧，喜歡和朋友喝酒、看電影、吃吃館子，或者幫助比我更窮的朋友；又愛買書、寫信，郵費是我一筆最大的開支，直到如今還是這樣。

我天生一副硬骨頭，即使餓了三天三夜，只喝自來水充饑，也決不向任何人開口借錢；更不向兩位哥哥求援。這時唯一的安慰，是去林語堂先生和孫伏園先生兩家打牙祭，每次只要我去，總是留我吃飯的，不論午餐、晚飯，不吃，他們是不放我走的。

我的年齡雖然只比林先生小十二歲；但在學問、道德、經驗各方面，我都只配做他的小學生。每當我有什麼問題向他請教時，他總是循循善誘地和我談，一談也許就是兩三小時。

「過去不好的事，千萬不要放在心上，犯過的錯誤，不要再懊悔，使自己困擾；要緊的是把握現在，展望將來；特別是年輕人，不要失望、消極，天下沒有克服不了的困難，只要意志堅強，你的前途，完全把握在你自己的手裏！」

這是多麼有力的鼓勵，四十多年來，我沒有一天忘記林先生，也經常把他的金玉良言拿來對我的學生和青年朋友說，使他們也間接地得到林先生的益處。

唉！如今陰陽兩地，永遠聽不到他親切的聲音了！

三封珍貴的遺書

冰瑩女士：

自父親寫信給你以後，一天到晚只是等你的回信，今晨接到了，叫我們好不快活！「自傳」及「從軍日記」已譯完，有些刪掉了，情形無雙（註一）已對你說過。現在父親在修改，約一星期可看完，即可交給出版家去看。賽珍珠跟她丈夫都對這本書覺得有興趣，只是還沒有看完，望你盲腸炎割好，快快把補充材料寄來（註二）。聖誕節無論如何是趕不上了，因爲這裏美國人辦事，聖誕節要出版的書，六月就預備好了，所以只得趕春季。聽得你有意思來美，我高興萬分；只是旅費要看出版以後銷路如何，如果咱們運氣好，能銷一萬本，而每本賣價三元，你獨得版稅（註三），就有兩千多塊美金（即全數之半版稅。通常百分之十，增至五千本後，百分之十五；最好條件，一律百分之十五），如是一本賣價二元，得銷萬五千本，才有二千。（尊著大概賣二元半。）來回旅費約六百元，在此住每月至少得八十元，所以非二千左右不成。這裏難的地方是賺金而得用金，如果就在中國的話，無論賣得多少，也可賺一筆錢，你文稿快點寄來吧！（明春出版，首次版稅須九月底結算，來時若弟已回國，可囑賽珍珠照應。）（此處括弧中的語句，是林先生的筆跡）

讀你的「新從軍日記」，眞叫我五體投地，你的精神眞叫我佩服。我們打算明春回昆明，本來想由印度洋回國，如今歐洲已宣戰，也許改走商船渡太平洋直接到國土。我現在外安適，不勝慚愧，回國後我一定要參加工作。

近來前方後方工作如何？盼你閒時寫給我們知道，茲附小照一張，望惠存。請多保重。

如斯謹上　九月五日

家父母均問候你！

Lin Yutang
The Croydon
12 East 86 Street

New York City

後面是語堂先生的信，看筆跡就知道地址也是他寫的。

冰瑩：你自稱小兵，我對你這小兵只有慚愧。新著小說木蘭名 Moment in Peking「瞬息京華」，卽係紀念前線兵士。此書係以大戰收場，敍述日人暴行（販毒、走私、姦淫、殺戮），小說感人之深，較論文遠甚。弟在國外，惟有文字盡力而已，餘不足道；打勝仗還是靠諸位小兵。已囑諸女寄上「吾家」一書，奉呈左右（粧次！）。照片越多越好，以便選用。材料以㈠探兒；㈡第四次逃奔；㈢在日本入獄爲重要材料，隨時寄，來得及。貴團體活動情形照相（註四）亦可寄來，希望明春在昆明見面。祝你

康健

弟語堂　九月五日

請隨時來信爲荷（註五）

（註一）無雙的英文名字，叫做 Anor，卽林先生的第二女公子，名太乙，爲中文版「讀者文摘」主編，現居香港。

（註二）補充材料，卽後面所說的「探兒」、「第四次逃奔」、「在日本入獄」等資料。順便在此說

明，「女兵自傳」英譯本後面，所附譯的「從軍日記」，實際是「新從軍日記」，描寫抗戰時期我在前方的生活，而非北伐時代的從軍生活也。

（註三）林先生告訴我 Girl Rebel（卽英譯「女兵自傳」）的版稅爲作者與譯者對分。我當時回信，版稅用不着分給我，應由譯者得；但他後來還是給了我一些。

（註四）指我所率領的「湖南婦女戰地服務團」在前方工作情形。

（註五）林如斯女士及語堂先生原函墨蹟，我在傳記文學第十八卷第六期所寫「悼念如斯」一文中已製版刊出，讀者可以參閱。

讀了這兩封信，心裏湧起了無限的傷感，如斯（英文名字爲 Adet）和無雙姊妹兩人翻譯拙作時，如斯才十六歲，無雙才十三歲，他們的中英文造詣，都是那麼好，固然家學淵源，天賦聰慧，是一原因，但後天的努力，孜孜不倦，虛心學習的精神，也是使她們很早就學業成就得到學位的結果。

眞想不到語堂先生和如斯，都已相繼作古，這兩封遺書，就更顯得珍貴了。語堂先生是這樣地關懷我，他和如斯不但把版稅收入的情形，詳爲預算；而且恐怕我赴美時，他們已返國，所以打算找賽珍珠女士照應我；可惜那時如斯送我的照片，留在大陸，沒有帶出來。林先生和如斯的信，都沒有寫年，只有九月五日，我算一下，大約是一九三九年（民國二十八年），因爲我找出書來，核對一下，林先生的序言，是一九四〇年四月五日寫於三藩市，書也是這年發行初版的，售價兩元五角；再版書，我沒有看到。當我三年前寫信給賽珍珠的時候，他的兒子代他回信，說賽珍珠正在養病中，不便作覆，所詢拙作事，他回答說再版本已全部售完，此事就不再放在我的心上了。

第三封信，是十年前（民國五十六年八月二十五日）林語堂先生收到我詢問他筆名的事回答我的：

冰瑩：

示悉。賜贈照相尚不錯，可留爲紀念。

前函談及弟所用筆名毛驢等，連我自己也不記得。宰予、宰我、豈青恐未必是我用的（註一），不知何所根據？又弟不大用筆名。

慈航（註二）文章，未知何時可以交卷。

文化復興委員中有您的名字，甚喜！

語堂 五六、八、二十五

我們已經遷入新居，有中國庭院，閒時請來參觀，正在永福站後邊，門牌33（三十三）號尚未釘上，電話依舊。

（註一）在中國作家筆名錄上，看到林語堂，原名林玉堂，筆名有毛驢、宰予、宰我、豈青、薩天師等，所以我問他。

（註二）「慈航季刊」，是自立法師主編，清和姑在馬尼拉發行，現已停刊。有次我拿這本刊物去請林先生賜稿，他翻了翻，稍爲看了十幾分鐘，居然一口答應寫篇文章，後因事忙，沒有寫，我也不敢再催了。

一個淒涼的夢

林語堂先生去世一年多了，爲什麼我到今天才來寫文章悼念他，其中的苦衷，一言難盡。我的感情是奇特的，所謂奇特，不到某個時候，我是一個字也寫不出來的，例如我的三位哥哥都已去世，我要寫的不知有多少；可是因爲回憶起來，傷心的事太多，往往未寫淚先流，不知從何下筆。最近爲族兄謝貫一寫了一篇文章，他逝世整整十年了，每年遇到他的冥誕和忌辰，就想爲他寫文章紀念他，總是萬語千言，無從寫起，直到連接方圓先生和梁舒里先生三封催稿的信，我動了寫的念頭，有天晚上我突然夢見貫一兄來看我，第二天一大早靈感來潮，我終於完成了那篇八千多字的「哭一哥」。

昨天我把林先生的兩封信和如斯的信找出來，複印一份，還有林先生送我的一張小照，在兩個麥克風對着他時，他正在想說什麼，時間是一九六六、七月十五我向他要的。記得當時他還問過我：「爲什麼你要這張相片？」「留作紀念呀！」「我們不是合照過相片的嗎？」「這張的表情好。」

不是的，林先生、林夫人還有其他的朋友，在上海、在臺北、在東京、在漢城，我們都一同照過相；但我沒有他的單照，想不到這回別的相都留在臺北，只有這張帶來了，也許就因爲這張相片和三封信的關係，我昨晚夢見林先生了。

那是在永福里三十三號林先生的客廳裏，我們相對坐着，我坐的是三人坐的長沙發，他坐的是單人沙發，林夫人從書房裏走出來對我說：

「冰瑩！你們多談談，我去廚房看看飯做好了沒有？你吃了飯再下山。」

「謝謝你，我馬上要走，因爲下午一點有課。」

「沒關係，吃了飯，我要司機送你，順便我也進城買點東西。」

林夫人說，我還沒有回答，她就走開了。

「你近來寫文章沒有？」林先生問我，他手裏拿着煙斗。

「沒有，一個字也寫不出。」

「爲什麼?」

「也許是老了的關係;不過眼睛不好,也是個大原因,我不能多看書,更不能多寫字,否則就會流淚,而且眼睛紅腫。」

「你的日記還寫不寫?」

「仍然每天寫,五十多年來,我沒有間斷過。」

「好!好!太好了,我早就知道冰瑩有決心、有恆心的。」

正在這時,司機的女兒從廚房出來了,她剛學走路,林先生站起來去迎她,她伸開雙手歪歪斜斜地向林先生走來,突然一下摔倒了,她哇哇大哭,就在這時我驚醒了。

夢,這是一個使我高興的夢,同時也是一個使我感到萬分淒涼的夢。爲什麼說是高興呢?平時夢到朋友和親屬,沒有不高興的,特別是陰陽兩世的人,能夠偶然在夢中相會,實在太不容易了!至於夢醒後,內心感到的悲痛、淒涼,絕非言語文字所能形容的。從一點半鐘開始,直到五點半,整整地四小時,我閉着眼在回憶林語堂先生半個世紀來給我的教導和鼓勵。

忘年之交、亦師亦友

說句眞心話,我是幸運的,這一輩子我交了個忘年的朋友,順着秩序算來,第一、二位是孫伏園和林語堂兩位先生，第三位是柳亞子先生，第四位是馬星樵先生的夫人沈慧蓮女士，他們都特別愛護我、關懷我，把我當作是自己家裏的子女一般看待。林、孫兩位先生是最早栽培我，使我走上文學之路的先進，沒有他們的提攜與鼓勵，我絕對不會有今天，飲水思源，我沒齒難忘他們的恩情。關於這一段往事，在六十三年九月九日，我爲慶祝語堂先生八十壽誕而寫的「遙遠的祝福」即本書「記林語堂先生」中說過，在此我不重複。現在要敍述的是我從林先生的作品和談話中，得到一些爲學與作人的啟示。

我很少看到名人像林先生一樣的有修養，一樣的謙虛，一樣的專心專意傾聽對方的談話，一樣的仁慈和藹。他和林夫人結婚以來，從來沒有紅過臉，我曾經問過林夫人：「您和林先生吵過架沒有？他發不發脾氣？」

「沒有？他從來不發脾氣的！有時候爲了他整天忙於寫作、會客、或者演講，我怕他累壞了，我干涉他，他從來不生氣；有時候，飯菜都擺在桌上冷了，他還不肯放下筆，幾次催他，他就說：『太太，對不起，請你先用吧！我馬上就來。』唉！他的馬上，也許是一刻鐘、也許是半小時、一小時，甚至根本忘了晚飯這回事。」

談到這裏，我對林夫人說：

「林先生太好了，他對任何人，都是那麼彬彬有禮，甚至待工友，也和朋友一樣。」

「可不是？他從來不擺架子，不罵人，佣人做錯了事，他總是原諒他們。」

這的確是眞的，我讀林先生發表在「傳記文學」第十二卷第六期上的自傳，其中也有這樣的句子：

「我永不能成爲一個行動的人，因爲行動之意義是要在團體內工作，而我則對於同人之尊敬心過甚，不能號令他們必要怎樣做、怎樣做也。我甚至不能用嚴厲的辭令和擺尊嚴的架子，以威喝申斥我的僕人。」

有一次他告訴我，曾經遇到過利用他的名義大肆活動的人；說完，又再三囑咐我：「冰瑩，你千萬不可說出來。」

「不會，我會守口如瓶，您放心好了。」

亞洲作家會議完了，接着是世界筆會在韓國漢城舉行，語堂先生是會長，那怕再累再辛苦，他是非去不可的，事前他在電話中告訴我，要我準備出席；外子堅決不贊成，理由是我曾經應韓國「女苑」雜誌的邀請，與王蓉子、潘琦君兩女士去過一次，這回應該把機會讓給沒有到過漢城的人去，同時也躭心我的身體吃不消。王果之先生來電話，他還是不答應；及到語堂先生說了許多要我去的話，外子才答應考慮，最後總算他同意了，還去機場送行，後來林先生微笑地對我說：

「冰瑩！你的先生很好，他假若堅決不放行，你又非去不可，那就不痛快了。」

看到林先生伉儷那種恩愛、關懷、體貼的情形，使我們又欽佩、又羨慕。

我和林先生最後見面是在六十三年（一九七四）七月三十一日。蟬貞約我先拜訪林先生，回頭再去榮總醫院看多慈和馬星樵先生。

一年多不見林先生和林夫人，想不到變化如此之大，林先生的記憶大不如前，他居然問我們兩人到過韓國沒有，似乎我們一同參加筆會的事，他已完全不記得了，當時我很難過，看到他端着汽水杯在發抖，也沒有什麼話和我們談，我的心裏不住地嘀咕：我下次回來，還能看到林先生嗎？

這是不祥的預感，我只能藏在內心裏，連蟬貞都不敢告訴；同時我也替自己難過，唉！誰能預料明天將發生什麼事？誰知道我的現狀能維持多久？多麼不可預測的人生！

那天林夫人似乎很忙，她和我們打個見面禮後就進房去了，直到我們告辭才出來。平時，林先生遇到有客人來訪，總是有說有笑，決不冷場的。我猜想，他的突然改變態度，突然沒有記憶力，可能因為如斯去世的關係；這個打擊，給他們太大了！還記得如斯去世的第二天清早，我去慰問林先生、林夫人時，他們兩人一見我就痛哭失聲，我生平只看見三位老人是這麼傷心痛哭，一位是先祖母去世，先父的痛哭；另兩位老人，就是林先生和林夫人了。

那天的悲哀印象，三個人同時哭得說不出話來，一直流淚不止的情景，至今一回想，就歷歷在目。唉！如斯呵，你爲什麼要去得這麼早？這麼慘？

寫到這裏，我眞不能再往下寫了，人生如夢，眞是一點不錯：其實語堂先生已年過八旬，可稱福壽全歸。他在有生之年，對社會、對國家民族、對文學上的貢獻太多、太大了，他的著作等身，軀體雖然離開了人間，他的著作永遠和我們相伴，他的精神永遠不朽，文學熠熠的光芒，永遠閃爍在文壇。

附錄：冰瑩從軍記序

林語堂

冰瑩女士的「從軍日記」，是我慫恿她去刊成單行本的。所以有說幾句話的義務。其實慫恿她發行專書的，不僅我一人；據我所知，還有伏園先生。但要不是我堅持力爭的毅力，冰瑩的書也就不會於此時與讀者相見了。

冰瑩以爲她的文章，無出單行本的價值，因爲她「那些東西不成文學」。這是冰瑩的信中語。自然，這些「從軍日記」裏頭找不出「起承轉合」的文章體例，也沒有吮筆濡墨，慘淡經營的痕跡；我們讀這些文章時，只看見一位年青女子，身穿軍裝，足着草鞋，在晨光曦微的沙場上，拿一支自來水筆靠着膝上振筆直書，不暇改竄，戎馬倥傯，束裝待發的情景。

或是聽見在洞庭湖上，笑聲與河流相和應，在遠地軍歌及近旁鼾睡的聲中，一位蓬頭垢面的女兵，手不停筆，鋒發韻流的寫敍她的感觸。這種少不更事，氣慨軒昂，抱着一手改造宇宙決心的女子所寫的，自然也值得一讀。冰瑩說她的東西不成文章，伏園先生與我私議時就生怕她專做文章。一位武裝的冰瑩，看來不成閨淑，我們也捏着一把汗守着看她在卸裝歸里後變成一位閨淑。但是這些已屬題外閒話了……

這些文章，雖然寥寥幾篇，也有個歷史。這可以說明我想把牠們集成一書的理由。大概在漢口辦事而看那時「中央日報」副刊的讀者，都曾賞識過冰瑩這幾封通信，都曾討論過「冰瑩是誰」的問題。說也奇怪，連某主席也要向副刊記者詢問到冰瑩的眞性別。這大概是在革命戰爭時期，「硬衝前去」的同志對於這種戰地的寫實文字，特別注意而歡迎。更奇異的，我曾譯其中一篇爲英文，登英文「中央日報」，過了兩月，居然也有美國某報主筆函請英文「中央日報」多登這種文字。這眞有點像「少女日記」的不翼而飛了。我因此想這也許是冰瑩文章的「氣骨」作怪。總而言之，這幾篇文章的確有過這種影響。至於今日太平無事的讀者，讀了會不會引起同樣的興會，那就無從預卜了。

冰瑩現在沉寂下去了。文章既不肯做，又絕無「硬衝前去」的精神。我知道她正在安分守己，謀「讀書救國」及修練「薄弱的心志」了。許多認得她的朋友都是勸她不要這樣自暴其天才；但是這有什麼法子？閨秀的文章既不便做，「革命文學」又非坐在租界洋樓所能向壁虛構。我想革命文學只有兩種意義。一是不要頭顱與一切在朝在野的黑暗、頑固、腐敗、無恥、虛僞、卑鄙反抗的文學，一是實地穿丘八之服，着丘八之鞋，食丘八之糧，手拿炸彈，向反革命殘壘拋擲，夜間於豬尿牛糞的空氣中，睡不成寐，爬起來寫逃征途的感想。不要頭顱的文學既非妙齡女子所應嘗試，而保守頭顱的「革命文學」也未免無聊。至於實地描寫革命生活的文字，惟有再叫冰瑩去着上武裝去過革命健兒生活，但是我已替她覺得，未免懶得很吧！

記林語堂先生

第一個印象

民國十六年的春天，一個星期日下午，在漢口中央日報社的副刊編輯室，我和兩位同學，第一次拜訪林語堂先生，和孫伏園先生。

「要不是你們打氣，我是絕不敢去會見大作家的。」

在上樓時，我對那兩位同學說。

「伏老（卽孫伏園先生）我是在北平見過的，他最喜歡和年輕人做朋友；林先生雖沒會過，聽說他也是個平易近人的作家，你用不着害怕。」莫林說。

* * *

沒有經過傳達，我們自己走進了編輯室，經過莫林介紹之後，孫伏園先生微笑地指着一位大約三十多歲的紳士說：「這位是林語堂先生，我叫孫伏園。」

「久仰！久仰！」

艾斯連忙搶着說，我像個啞巴，只脫帽鞠了個躬。

穿着一件藏青色的長衫，嘴裏含着一支雪茄，清秀的面龐，嚴肅中帶着微笑，個子中等，說話慢條斯理，聲音柔和，態度親切，這就是林語堂先生第一次給我的印象。

孫伏園先生，比林先生要矮一點，而又胖得很多，一口黑黑的長鬍鬚，兩隻稍爲突出的大眼睛，很像個法國神父。他穿着西裝，打領帶，彷彿是林先生的客人；其實他們兩人是同事，那時中央日報有英文版，林語堂先生主編英文副刊，孫伏園先生主編中文副刊，他們兩位都是國內外聞名的作家，有他們在武漢，中央日報不知增加了多少慕名的讀者。

「我長到這麼大，還是第一次看到女兵。」

伏老首先望着我開玩笑地說。

「我也一樣。女兵眞有精神，看起來和男兵一模一樣，沒有什麼分別。」

林語堂先生也附和着說。

由於他們兩人的目光都瞪着我看，使我有點難爲情，覺得臉上熱辣辣的。

「今天特地來拜訪您兩位——我們最敬仰的作家，請在讀書和寫作兩方面，多多指導我們。」

艾斯不愧爲交際家，他首先說明來意。

於是伏園先生和林語堂先生來了個會心的微笑，互相推讓了一番，林先生說：

「談到讀書，我很慚愧！由中學到大學，我的時間都花在英文上面，直到大學畢業之後，才重新用毛筆寫漢字，拼命研究中文。我有一點點心得，可以告訴你們小朋友（其實我只比他小十二歲）：讀書，一定要選擇與自己興趣相投的；而且要專心一意地去讀，吸收他人著作中的精華；我相信用這種方法，讀一本書，抵得過別人讀十本書。

「至於寫文章，最要緊的是寫你自己心裏的話，要自然，要誠實，不要無病呻吟，不要狂妄浮誇，腳踏實地寫去，一定會成功的。」

這是多麼誠懇，而對我們眞是一針見血的話，我們還沒有謝謝林先生，伏老笑着說：

「語堂先生是個博學多才的學者，他是苦學成名的，你們要好好地記住他的話。」

這時莫林突然站起來向孫先生行了個軍禮，我也跟着站起來，以爲要告辭了，原來他說：

「伏老，現在要聽您的教導了。」

「我對於求學，沒有像林先生一樣下過苦功夫，寫文章只是爲興趣而已。我和林先生由於朝夕相處的緣故，對他有深一層的了解，有些人以爲他反對打領帶，主張自由，就是不修邊幅的名士派，這是錯誤的。他的思想雖是崇尙自由，本於老莊，文字有時幽默放浪；而他的行爲是很拘謹的。他是孔孟的崇拜者，不論作人，做事，都是很認眞的。」

伏老說到這裏，語堂先生連忙打斷了他的話說：

「伏老，你這是怎麼回事？他們三位特地來向你討教，你卻『王顧左右而言他』，捧起我來了。不好！不好！」

在伏老撚着翳鬚哈哈大笑聲中，結束了我們的訪問。看錶，我們歸隊的時間快到，只好匆匆地告別了。

* * *

四十三年前的往事，像一幕幕電影似的在我眼前放映着，彷彿是昨天的事一般地印象鮮明。這是一個夢，一直到今天，我還把它當做夢一般看待。

在新堤的前線，一羣同學在圍着看中央日報副刊，太巧了，我的「寄自嘉魚」的前線通信，本來是寄給孫伏園先生私人的，不料卻發表在副刊上了；更令我不敢相信的是這些通信，林語堂先生居然把它一篇篇譯成英文發表了！以一個未滿二十的女孩，而又是從鄉下出來的十足土包子，中學還沒畢業，一點文學修養沒有，寫出來的文字，一定是不堪入目的，謬承孫、林兩位先生愛護與栽培，使我寫的那些歪歪斜斜的字，變成了正正當當的鉛字，我感到萬分惶恐，我不相信這是事實，只當做是一場夢，一場使我又興奮，又恐懼的夢。這夢是那麼長，一直到今天，我還沒有清醒過來。

唉！究竟這夢是幸還是不幸呢？

關於「從軍日記」

北伐告了一個段落，我已經從鄉下逃出來，飄泊到了上海。我認識的林語堂、孫伏園兩位先生，好心地勸我出版「從軍日記」，我婉言謝絕了！我覺得發表出來，已經太使我汗顏，出版更沒有勇氣。這時語堂先生告訴我，他已把我那幾篇譯文，收集在他的論文集裏面，由商務印書館出版，勸我無論如何不要固執己見，他說：

「你不要太菲薄自己了，你的『從軍日記』，儘管沒有起承轉合的技巧；但這是北伐時期最珍貴的史料，它有時代意義和社會意義，不出版，太可惜了。我要為你作一篇序，你趕快補寫幾篇吧，原來的文章太少了！」

語堂先生這種提拔新人，培植後進的心太熱忱，太誠懇，太使我感動了！加上孫伏園先生也是和林先生一樣愛護我，栽培我的；於是「從軍日記」出版了，這是我的處女作，也是使我步入文壇的第一本不成熟的小册子，飲水思源，紀念林語堂先生，我無法不寫出這一段事實，也無法使我不永遠地，永遠地感激他和伏老。

林語堂先生的爲人和著作

在上海，我認識的朋友不多，經常留下我足跡的，是愚園路的林公館，和哈同路的「貢獻」社。（孫伏老的住處，「貢獻」是伏老主編的雜誌名字。）

林先生有三位女公子，都長得聰明美麗，我看着她們長大，也抱過最小的，逗她們在花園裏追趕蝴蝶，後來她們長大出洋，得了博士學位，如斯和無雙姊妹，還爲我那本「女兵自傳」譯成英文，叫做 *GIRL REBEL*，在紐約的 JOHN DAY 公司出版，語堂先生還親自校對一遍，又寫了一篇很長的序言介紹。那時他們全家都在美國，爲了譯這本書，曾和我通過好幾封信，他希望我拿到版稅後，就來美國遊歷一次，這志願，直到六年前才完成；而林先生已經回國，息隱山水清幽的陽明山了。

因爲多次的與林先生接近領教的關係，使我認識他和林夫人翠鳳女士的性格，他們兩人眞是人間少有的模範夫妻，他們從來不吵嘴，彼此溫柔體貼，恩愛異常，林夫人曾談起他們在德國四年的苦生活說：

「我們是第一次大戰後到法國去的，語堂半工半讀，他在青年會打工，有了積蓄，加上變賣我一些首飾，才能赴德國深造。那時我做飯，洗衣，買菜；語堂洗碗，也幫着做家事。他很用功，四年後拿到博士，馬上回國到北京大學去教書。」

語堂先生從小受良好的家庭教育，林老先生曾經把房子賣了，供給林先生昆仲上大學。從「傳記文學」十二卷十三期林先生的自傳裏，可以看到他是一個最誠摯坦白，熱情，和藹，淡泊名利，明辨是非的謙謙君子。他酷愛大自然，故鄉明媚的山水，孕育出他的文學天才。愛眞理、正義、自由，更愛同胞，愛祖國。

語堂先生對於寫作的興趣是多方面的，散文、小說、戲劇、舊詩、傳記文學，他都寫過；而最擅長的還是小品文。他的「生活的藝術」、「翦拂集」、「大荒集」、「我的話」等，至今膾炙人口；「吾土與吾民」、「京華烟雲」、「逃向自由城」、「朱門」、「紅牡丹」，都是用英文寫的，前三書有中文譯本。對於「逃向自由城」，我曾爲文介紹過，這是一部最有力的反共文藝，可見作者的寫作態度是非常嚴肅的；他在香港，爲了搜集書中許多眞實材料，不知付出多少寶貴的時間。

我最佩服林先生的科學精神和創造精神。他時時刻刻在研究，在思考。他說：從小就想將來發明使井水向上流；現代的噴泉，不是達到目的了嗎？又說：他從來不追悔過去的失敗，只展望將來；因此他不灰心，不失望，不消極，他的人生觀是樂觀的，達觀的，絕不是悲觀的。他喜歡清早醒來，躺在床上多思想，避免行動浮躁。

在作家裏面，他最崇拜明朝袁中郎的小品文，當他從在「語絲」上面寫小品文開始，一直到創辦「論語」、「宇宙風」、「人間世」爲止，他始終是站在他一貫的立場，認爲小品文乃是發揮性靈，表現自我，言志抒情的最佳體裁。當時有些衛道之士及左派嘍囉，大張撻伐；可是蜉蝣撼大樹，對於語堂先生的聲譽，非但無害，而且更使他名揚四海。

語堂先生在他的四十生日詩中，曾有「一點童心猶未滅，半絲白鬢尚且無」之句，他今年快八十大壽，仍然不失其赤子之心；他在學術上的成就，決不是我這篇短文所能介紹的，他編過教科書，編過英漢辭典，發明中文打字機，對於發揚我國文化，溝通中西文化，這一切一切的貢獻，實在太大太多了！

六三年九月九日

「逃向自由城」的主題和技巧

林語堂先生的名著「逃向自由城」，本來是用英文寫的，後來由中央社張復禮先生譯成中文，先在報上連載，接著又印成單行本，出版以來，眞是紙貴洛陽，人人讚羨。這是一部用眞實的材料做背景寫成的小說，裏面的故事和人物，儘管作者聲明是虛構的，其實何嘗不是眞實的？從頭到尾，整本著作描寫大陸的恐怖生涯：充滿了黑暗，充滿了窮困，充滿了血腥和殘酷，更充滿了奔向自由的正義呼聲。

在這裏，我不想多費筆墨把整個故事重述一遍，我只談談本書的主題及其寫作技巧。看書的人，都有一個共同的習慣，先從序文看起。作者因見美國那些「鷄蛋頭」，有的主張「恭請中共代表加入聯合國，大家面談，便可影響中共政策」；有的主張：「既有中共政府統治大陸，自應承認中共政府，理所當然。」這眞是一部份美國人天眞的想法，他們大概不知道與虎謀皮的故事；十餘年來血淋淋的事實，還不能使他們相信，使他們改變對共產黨的觀念，未免太使人失望了！

作者有鑑於此，不惜花費很多時間，向幾位受過高等教育的逃亡人士搜集材料，打聽他們從大陸逃亡出來的眞實情形和路線，沿途的趣事，以及他們逃亡的技巧和經過的危險；更使人有眞實感的，還附有一張非常詳細、清楚的地圖，也可以說，這是逃向自由人士的指南。作者還冒着危險，親自去過邊界察看，曾到過麻雀嶺、沙頭角和落馬洲。從這裏，可以看出作者寫作態度的認眞，和觀察的深刻。誰都知道林語堂先生，是國際聞名的學者、作家。他的中英文造詣很深，在大陸念過中學的人，都讀過他的英文課本，中文教材。他的文筆如流，一瀉千里，幽默中含有嚴肅的主題，濃厚的人情味。

在「逃向自由城」這本書裏，作者說明了「逆天理，背人情，以霸道治天下，無有不倒之理」，也正是「順天者昌，逆天者亡」的說明。爲了追求自由，書中主角，英國青年戴詹恩，冒着生命的危險，進入鐵幕去救他的未婚妻段伊索；而伊索不忍心只顧一個人逃亡，要求戴詹恩，把她五十九歲的爸爸，和剛滿十歲的姪子春筍帶走，詹恩不但答應了；而且後來還和范石田、梨花、張福、阿雪、黃城……等一大羣人，一塊兒逃向自由城呢。

所有在這本書裏面出現的人物，大半都是善良的，富有人情味的。他們絕對不受共黨的欺騙；事實上，那些一個月三兩猪肉四兩油，每人配布一尺半，「下放」、「煉鋼」、「勞改」、以及「三反五反」的生活，難道還能瞞得住人嗎？因此，除掉朱、毛等還在夢想着他們的人民政治能夠實現外，其餘的大陸同胞，沒有不嚮往自由，痛恨「人民政府」的。

「……有一個母親，教她的四個兒子游泳，等到大兒子十八歲了，她就叫他們游泳逃亡；巡邏艇用槍打死了三個；但是最小的一個，九歲，游過去了。」（二十五頁）

這也是本書的主題之一，寧死也要逃離鐵幕。

「今年夏天，好幾千難民爬邊界的山，或者是逃到澳門，你知不知道？在過去十年中，總共有一百萬難民越過邊界。」（二十五頁）

所有天下的父母，沒有不愛自己兒女的；然而爲了自由，寧可讓他們去冒生命的危險，正應驗了「生命誠可貴，愛情價更高；若爲自由故，兩者皆可拋！」自由的眞義在此，自由的價值也在此！

爲什麼大陸上有千千萬萬的老百姓冒險奔向自由？看完了本書，就可得到一個總的回答，也就明白了本書的主題和作者的用意所在。

現在我們再來欣賞本書的技巧：

一部最能吸引讀者的作品，光靠動人的故事，緊湊的結構還不夠，主要的在於描寫人物的成功，和主題的正確。語堂先生在寫作的技巧方面，數十年前，早就達到了爐火純青的地步，用不着我們來讚美。他不論描寫人物或風景，聊聊幾筆，寫景，便能使人如親臨其境；寫人，便能使讀者如見其人，如聞其聲。

「我家昨晚吵了一架，我的三個媳婦拿到了每年一次的配布，每人一尺半，我建議她們把四尺半布合在一起，可以做一件短外套穿穿；但是三個人，一個都不願意拿出來。」（四頁）

簡單地幾句，寫出了大陸人民生活的艱苦和可憐，唉！短短的一尺半布，只能做抹布啊！

「……糟蹋穀子，會使種田人熱血沸騰。每一粒穀子，都代表一個種田人額頭上的多少汗。」（九頁）這是多麼深刻的句子！我們再來看作者筆下的伊索：

「……他發覺伊索生性愉快，喜歡笑……她的皮膚並不如有些中國女孩子那樣白。她不大化妝，不修眉毛，她活潑的眼神和自然豐潤的嘴唇，使他着迷。」（十六頁）

「達達是什麼？」

「達達是人向上的精神，人的願望和希望，引人向上，趨向精神的境界。」（十七頁）

詹恩是個酷愛藝術，最富同情心，努力求上進的青年，所以他自己發明了一些暗語，別人是不會懂的。

「兒童們上學，在路上也要檢糞，大家努力幹！今年是肥料年……不要忘記：把糞便留起來，完成大躍進！毛主席萬歲！」（十九頁）

這眞是一個莫大的諷刺，孩子們上學還要檢猪屎狗屎，這成一個什麼社會？鄧平在廣播中演講留糞便，叫毛主席萬歲，更使人想到這是對毛澤東的諷刺，也是一種對他的侮辱。

「我知道，你每做一件事情都有計畫，並且在你想做一件事情的時候，誰也阻擋不住的。」（二十六頁）

這是詹恩的姑母安莉佳的話，說明了詹恩絕對不是感情衝動的青年，他凡事有計畫，有決心，有勇氣。

「他注意到許多男人穿的褲子，長度剛剛過膝，不像短褲，也不像長褲——顯然是因爲布的缺少。」（三十一頁）

共產黨統治下的人民生活，苦到了這種程度，他還在亂造謠言，說臺灣的老百姓，都在吃香蕉皮；公教人員一個月的薪水，只够買一隻皮鞋。

由上面所舉的例子，可見作者最擅用輕鬆的字眼，來形容慘痛、深刻的景象，暴露共黨在崩潰前夕的種種生活情形。

語堂先生這本著作一出版，我相信多少對大陸存着幻想、懷着憧憬的中西青年，該恍然大悟，再也不會做白日夢了。

最後，我還要特別介紹張復禮先生的譯文非常流利，幾乎可以和語堂先生的文筆亂眞。

民俗專家江紹原

提起江紹原，便要聯想到轟轟烈烈的「五四」運動，他是那時候的中堅份子，也是那時北大的學生領袖。他和向大光同時在「五四」那天被捕，雖然只有短短的三天便保釋出來了；但當時的情景是相當危險的。他們毆打章宗祥，搗毀曹汝霖的住宅，他們是反封建、反帝國主義者的先鋒，也是中國學生參加革命的第一批英雄，用他們的血汗和勇氣，替青年們殺開了一條光明大道；可是三十年後的今天，這位曾經流過血，爲民族獨立大聲吶喊，拼命奮鬥過來的江紹原——「五四」時代的英雄，遭遇到什麼樣的命運呢？

這裏且抄一則江紹原於三十六年十二月二十六日登在北平世界日報上的求職啟事：

「我現任本市某私立學院教授，本學期八至十一共四個月，所得薪金才四百五十六萬元，配給物品，幾等於零。微論舊欠不理，卽本月發薪，亦無確訊，不甘凍餒，廣告求職，各界人士，如願以長期或短期正當工作見委者，請速函西城新街口八道灣十五號商洽為盼。」

只要是留心新文化的人，沒有不知道江紹原的。那天看了這個江紹原求職啟事新聞的，沒有不感慨萬端，嘆社會太無情！在北平的教授們誰都知道，江紹原在中國大學英語系教書，他說四個月才拿得薪金四百五十六萬元，平均每月收入一百一十四萬元法幣，依照當時的物價，如果是兩個人生活，還可勉強維持，偏偏江紹原又有四個未成年的兒女，他環境之苦，可想而知。

世界日報的記者看到了這條啟事，馬上到八道灣去訪問江先生，第二天發表了一篇兩千多字的訪問記，描寫他家裏的苦況：孩子們衣服襤褸，形同乞丐；每天吃小米粥，窩窩頭尚且不得一飽；至於江先生本人，更是面黃肌瘦，顴骨突出，兩眼深陷，因受生活的壓迫太厲害，精神上已發生變化，性情變得特別孤僻，他不願意去看朋友，也不願朋友來看他。據說有一次他寫一封洋洋萬言的信給胡適，罵胡適是「糊塗博士」；他與江冬秀女士是一家，但胡博士不知為什麼不同情他，也不幫助他，因此使他憤恨，使他傷心！有時江和朋友說話的時候，常常對方說東他回答西；有次朋友和他正談得起勁，他忽然站起來說：「有鬼，有鬼，你看那不是鬼嗎？牠張開着嘴正想要吞吃我們呢。」嚇得這位朋友將信將疑，不知如何是好；後來一打聽，才知道他早已神經失常。

我在知道他這種情形之後，心裏有說不出的難過，特地寫了一封信去慰問，同時表示我要去看他，請他約定一個日子。他回信說要來看我，三四天後又來一信要我千萬不要去看他。我尊重他的意見沒有去，但他卻並未來看我。直到今天我還在懷念他，不知他們的日子如何過。唉！誰能想到一個對新文化有偉大貢獻的作家，其結果竟是如此悲慘……

江紹原一八九九年生於安徽旌德，北大畢業後即赴美國芝加哥大學研究宗教；回國後，歷任國立北京大學、廣州中山大學、國立武漢大學、厦門大學、私立中國大學、國立北平大學、私立中法大學等校教授。江先生是研究民俗學與佛學的專家：曾著有：「實生論大旨」，「佛家哲學通論」，「宗教的出生與成長」，「現代英吉利謠俗及謠俗學」，「喬達摩的死」，「髮鬚爪」。

此外在各報紙雜誌上發表的論文、筆記小品很多，可惜都沒有收集出版。

我所知道的蘇雪林

——答王忠仁同學

忠仁同學：

你十月二十日來信，收到二十多天了，爲了課忙，到今天才回信，請你原諒。

你說曾經看過我寫的關於作家印象的文章，你很喜歡這類題材，希望我彙集出書；並問我爲什麼不寫一篇介紹蘇雪林先生，因爲她是我的好朋友。

其實，早在十年前，我就在「中國文藝」上寫過一篇介紹雪林先生的文章；不過那時你還年幼，自然沒有看到，現在我把蘇先生的爲人和作品做一個簡單扼要的介紹。

先說她的爲人：

雪林先生生性慷慨、豪爽，急公好義，樂於助人，對於朋友非常熱情，遇有請她幫忙事情，只要她的能力所及，沒有不答應的。她有一顆最仁慈的心，聽到有人說起某人窮困，某人遭遇不幸時，儘管她和那人無一面之緣，她也會爲之傷感、嘆息。

雪林爲人雖落落寡合，人緣卻很好，朋友們如果很久得不到她的信，都會互相詢問：「你收到蘇先生的信嗎？她近來好不好？」

自從她爲了替學生改作文，自己經常讀書寫作，把眼睛弄病以後，朋友們更關懷她，爲她着急，勸她休息；但她爲了要完成楚辭研究，所以仍在拼命地寫，她說：「我要完成這個研究，因爲它在學術上的價值太重要了。」

雪林的一生，她自己說是很平淡，其實是多采多姿的：她從封建的家庭裏跑出來，先到北平女子高等師範求學（卽國立師大的前身）。民國十年赴法國里昂留學，起初學畫，返國後，始專攻文學。她的畫，擅長山水，最近曾在「大道」月刊上發表過幾幅，筆力雄健，和她的性格一般豪爽可愛。

她的生活簡樸得很，對於衣、食、住、行，素不講究。自從我認識她開始，就沒有看見她穿過一件比較材料貴重的衣服。當她在師大教課時，雖然僱一女工；但有等於無，常常自己燒飯；吃的菜很簡單，我說她營養不足，她回答我：「我的身體很好，這些菜熱能已够，吃多了反而不消化。」

還記得她去臺南的前夕，我爲她收拾行李，看見她幾件破衣服和幾雙破襪子、破皮鞋，我勸她丟了。她說：「不要丟，不要丟，我修補一下，還可以穿的。」我又看見一些信紙信封，還是從大陸帶來的。我說：「雪林，這些舊信封已經褪色了，丟了吧，我送你一些新的。」她又說：「這還有用，丟了可惜。冰瑩呀，你休息休息，讓我自己來理吧。」

後來，我眞的不敢動手了。

朋友，我寫出這幾件瑣碎事情，並不是說她吝嗇，而是描寫她生活的儉樸。你想，假使她是個吝嗇的人，怎麼肯把生平的積蓄購買五十幾兩黃金獻給政府去充抗日的經費呢？又怎麼肯一輩子將錢去維持她貧窮的親戚呢？她常說：「我只是一個教書匠，既不能貪污，又不能搶劫，小錢不省，大錢怎麼拿得出呢？」對的，雪林便是個不喜用小錢而喜用大錢的人。

雪林愛好自由，更熱愛國家民族。她最富正義感，嫉惡如仇。在大陸上，她曾大罵魯迅，很多左派的小嘍囉圍攻她，她滿不在乎，一個人孤軍奮鬥到底，決不和他們妥協。

現在再來談談她的寫作：

雪林先生最早的成名作是「綠天」和「棘心」，她因爲舊文學的根基好；而對於新文學又有深刻的研究，所以她寫得一手好小品文，有的已選在中學國文課本裏做教材。她下筆萬言，文章如行雲流水那麼自然，熱情奔放，不事雕琢。她的寫作天才是多方面的，小說、散文、詩歌、神話、文學理論、訓詁考據，樣樣都好。她很謙遜，常常稱讚別人的作品，爲別人寫序或書評時，總是讚不絕口。有時遇到會寫小說的朋友，她會說：

「唉！我真羨慕你們會寫小說！我不行，我太笨了！」

雪林眞笨嗎？不！她是個最聰明的人！不過，她有時太天眞了，以爲只要依原則做事，據道理說話，管什麼忌諱？顧什麼利害？誰知這個世界卻和她理想的不同，因此她便常常吃虧；可是，眞金不怕火煉，人家儘管怎樣攻擊她，雪林還是雪林，她在文藝界、教育界的聲望絲毫也不會減低，更不會受到任何影響。

朋友，你想要知道雪林先生一共出過多少書嗎？這裏寫下的著作目錄，供你做參考：綠天（增訂本）、棘心（增訂本）、玉溪詩謎（原名李義山戀愛史考）、唐詩概論、遼金元文學、蠹魚集（原名蠹魚生活）、青鳥集、屠龍集、蟬蛻集、歸鴻集、天馬集、鳩那羅的眼睛、南明忠烈傳、讀與寫、歐遊獵勝、崑崙之謎、中國傳統文化與天主古教、梵賴雷童話集（翻譯）、三大聖地巡禮、雪林自選集、一朶小白花（翻譯）。看了這些書目，你就可以知道她是如何地努力！拿「著作等身」來形容她，是最恰當的。她已經寫了四十多年的文章了；在大學教書，也有三十多年的歷史，教育部曾頒過兩次獎給她：一次是資深教授；一次是文藝獎。

她現在和姊姊住在一塊兒，姊妹兩人，相依爲命，手足情深；爲了姊姊不肯來臺北住，所以雪林才辭了師大的課去成大教書。遇着有朋友去臺南看她時，她會弄一滿桌子鷄鴨魚肉款待你。她的姊姊喜歡養鷄，她卻愛養小狗小貓，偶爾也養一兩隻鳥玩玩。

爲了愛惜她的身體，我勸她早辦退休，以便專從事著作；像她這麼熱心爲國家培養了這麼多年人才，在文藝方面又有這麼大的貢獻，實在應該休息，好好地享幾年清福了。你說對嗎？

今年是雪林從事寫作四十週年紀念，朋友們都將爲她慶祝，我因爲忙上加病，就把這信當做祝賀她的文章。

朋友，再見，祝你健康，進步！

謝冰瑩敬上十一月十二日

送雪林告別杏壇

「大人者，不失其赤子之心。」雪林的天眞和赤子之心比誰都來得大。一些不了解雪林爲人的人，連想都想不到她是這麼天眞，這麼絲毫不懂世故，有如一塊渾然之璞。也許因爲太天眞的緣故，她曾碰過釘子，遭受過一些大大小小的打擊。但她是好心人，從不記恨，對於意見、思想、主張和她不相同的人，她能容忍。不過事關危害國家民族的罪惡，她就絕不放鬆。她「嫉惡如仇」的精神，也爲這鄉愿世界所罕見。爲紀念她的告別杏壇，我竟不知道應該從何下筆；原因是她給我的印象太好、太深。現在我且談一談她的個性。

雪林是個愛好自由的人，寫文章不喜歡用稿紙，高興在白紙或十行紙上無拘無束地寫。我爲了愛護她的眼睛，上月特地送她一些託友由臺中買來的大格稿紙，不料她竟退還我，而且說：她用大格紙，文章反而寫不出。這和我的愛寫大格恰恰相反。

雪林的悟性很強，可是記性很壞。

她在十一、二歲的時候，就開始寫日記。心裏有話，都寫在上面。有一次發現有人偷看她的日記，就一把火把它燒掉了。後來從民國二十六年起，又繼續她的日記，一直到現在沒有間斷。

她的國學根底很深，少年時代受蒲松齡「聊齋誌異」和林琴南各種翻譯小說的影響很深。不論看什麼書，她都是把全部精神集中在上面，好的作品，她可以連看十來次。

小時候，雪林開始寫五、六百字的五言古詩和桐城體的古文，寫得有聲有色。民國八年，她考進北京女高師（卽後來的國立北平女師大，不久男女合校，改爲國立北平師範大學。），受了五四新文化運動的影響，就從事新文藝寫作。當她尚未北上，就開始以童養媳爲題材寫小說了；但那一篇卻是用古香古色的文言文寫成的。

由於她寫作非常認眞，通常一天只寫一二千字。她的學問領域博大精深，因此她的作品包羅萬象，有關科學、哲學、神話、藝術，應有盡有——小說、詩詞、散文、雜文、學術論文、遊記……無一不寫；她並不是職業作家，僅靠着每年的寒暑假以及星期假日，埋頭寫作。近兩年來，她的生活比較寂寞；尤其在她的大姊去世以後，一個人住在臺南，朋友們都盼望她退休之後，來臺北定居。那時老朋友常常見面聊天，她就不會感覺寂寞了。

「助人爲快樂之本」，雪林總是有求必應，不說別人有困難，她樂於解囊相助，就是辦刊物的朋友找她寫文章，也從來不拒絕，而且限期繳卷，決不拖延。對於朋友信件，有來必覆；朋友之間對她有什麼誤會時，她總是以寬宏的度量原諒對方，絕不斤斤計較。

她的記性很壞，有時見了兩三次面的客人，她也會「請問貴姓」。不知道她底細的人，以爲「貴人多忘」，其實她眞是記憶力差。

她有一本朋友的地址電話簿，二十多年來沒有換過。已經到了報廢的程度了，但她捨不得換。雪林的一生，是很節儉刻苦的。她個人從來沒有享受過舒服的物質生活，可是款待朋友總很大方，喜歡弄滿桌子的菜。來臺灣後，我們兩人在日月潭的教師會館，曾經享受了一個星期的清福。回想起來，眞有無限感慨。她和我都受過傷，隨時有跌倒的可能，一個人不敢出門，還奢望遊山玩水嗎？

提到刻苦，我有很多話想寫，只怕雪林不高興。那年她離開師大去臺南成大執教，我幫她清行李，看到一些發黃了的武漢大學的信紙、信封，有些皺了，有些缺角，我說：「雪林，我去買新的信紙、信封送你，這些都丟掉好嗎？」「不要丟，不要丟，還可以用。」「唉！這塊破抹布也帶去臺南嗎？」我把它從網籃裏丟出來，她又撿進去。「破布，我留着擦皮鞋。」她一面說，一面做手勢不讓我動手。我只好長嘆一聲，坐在書桌前，看她收拾，心裏卻在想：一塊破布，幾張破紙，都捨不得丟的人，抗戰開始時，怎麼肯把半生辛辛苦苦賺來的稿費、薪水，買成五十兩黃金獻給國家呢？而且一輩子負擔幾個窮親戚生活之一部呢？雪林不高興我提起這件事，因為她並非沽名釣譽的人。她默默做了許多愛國愛人的工作，不願別人知道；但我一定要寫出這些眞實的故事來。至於她穿着破襪子和補了又補的內衣，我不必細說了。

我說過，她彷彿像個大孩子，一點兒也不懂世故，她有一顆熱愛國家、愛朋友、愛人類的赤子之心。如果一定要找她的缺點，那就是她太容易激動。這也因為她太熱情，遇事沒能冷靜的想想後果；可是並不影響她的為人與治學。

說到治學，她是個「學不厭、教不倦」的老教育家，又是「五四」以來，一直到今天，在文壇上始終享有盛名的作家；然而雪林是那麼謙虛，她老是讚美朋友們的作品。她說她是個文壇打雜者。假使打雜的能像她這樣有成就，那麼我也情願打雜去了。

我信手寫一些她的小故事，以博老朋友之一粲。並在這兒為她祈禱，老當益壯，退休後多多創作偉大的作品出來。

六三，二，十五夜於潛齋

周作人先生印象記

提起周作人先生，我就忘不了他家的小門。

那是民國十九年的秋天，第一次小鹿和我去拜訪他，進院，就看見大門緊閉着，只開了一扇長約五尺多，寬二尺多的小門。

「怎麼？我們從那裏進去呢？」

我像很着急似的問小鹿。

「眞的，我們怎麼進去呢？」

她也反問我。

「不管它，非等工友來打開大門，我們決不進去。」

我發起騾子脾氣來了。

「好，我們敲門吧。」

小鹿也附議贊成。

在等待工友出來的剎那，我起了許多好笑而不應該有的念頭，我想假若我們眞的從這扇小洞門裏鑽進去，簡直像小貓一般，不開大門，未免太對不起我們了。

「小鹿，假若他們不開大門，怎麼辦呢？」

我問她。

「那只好從小洞門進去。」

她笑得兩隻小眼睛，成了一根直線。

「你的個子很小，當然可以從小洞裏穿過，我這麼大的人，怎麼能進去呢？」

接着我們又哈哈大笑起來。

正在這個時候，工友出來請我們進裏面坐；可是他並不打開大門。

——嗯，難道眞的讓我們從小洞門鑽進去嗎？

我有點莫名其妙起來，用手試試推門，誰知關得像鐵門一般緊，絲毫也不能推動，在莫可如何中，我們只得彎下腰來，小心翼翼地走了進去。

——假若出來，還是不開大門，那才眞苦呢？

當我們走進了客廳，見到了作人先生時，我還在想着那扇小洞門。

＊　　＊　　＊

這是周作人先生的客廳，也是他的書房，除了一扇門外，房子的四周統統是書，坐下後，我就像劉姥姥進了大觀園一般，兩隻眼睛不住地東張西望，沒有一瞬間的休息。書是那樣整齊，不但一類類的分得很清楚；而且絕對沒有高低不齊，或者傾斜的現象。最多的是日文書；中國的古籍，另外放在兩間屋裏，自然比洋書還多，桌子和凳子都很矮，整個的佈置，完全是日本式的，潔淨的黑漆茶盤裏，擺着小巧玲瓏的茶杯。工友倒了茶後，我們毫無拘束地端起杯子來就喝，喝完了一杯，又輪流地再倒一杯，倒完了，主人又叫工友再沖開水。茶眞香，我本來只喜歡喝白開水的，這時卻特別歡喜喝茶了。

——這茶葉也許是從日本帶來的吧，爲什麼這樣香呢？

我心裏這樣想時，臉上似乎覺得有點微熱，因爲我由茶葉而很快地聯想到劉姥姥在大觀園吃鴿子蛋，聯想到兩親家遊巴黎。

我們談的很多，主要的是請周先生爲我們兩人主編的河北民國日報副刊寫稿。那時我還沒有進女師大，和小鹿合編副刊，每人發三天稿，星期日是文藝週刊，因爲發表黃盧隱和她的小愛人李唯建兩人的「雲鷗情書」而轟動一時。

我和小鹿想使副刊編得有聲有色，增加報紙的銷路，於是我們想出了一個辦法，發起討論男女平等問題，小鹿主張男女平等，我站在假裝反對的一方面，當我們把幾篇論戰的文章給周先生看的時候，他笑了。「這幾篇文章，我都看過了，在這二十世紀的今天，居然還有人反對男女平等，思想未免太落伍了！」

周先生說時，小鹿向我瞪了一眼，我心裏明白，非常高興，因爲我們的目的，快要達到了，於是我連忙接着說：

「眞的，這種落伍的思想，實在不應該有的，我們今天來拜訪您，是專誠來請您替我們的副刊惠賜幾篇大作，把這些頑固份子教訓教訓。」（他決沒有想到，我就是那個假裝的頑固份子。）

「好的，我一定寫一點；不過我沒有多的時間參加筆戰，還是你們兩位多寫幾篇吧。」

得到他的許可，我和小鹿來了個會心的微笑。

以後，我們又談了些有關婦女解放的問題，他不但同情革命，而且是擁護革命的。以前我只覺得他是一個學問淵博，品德高尙，謙虛有禮，和藹可親的學者，如今更認識了他的思想，他倒是個很愛國家民族的學者。

周先生待人的誠懇，做事的負責認眞，說話時，那種平易近人的親切態度，使我萬分欽佩！

周先生還有一點也是使我敬佩的，他像柳亞子、胡適之、孫伏園幾位先生一樣，不論認不認識，誰給他去信，他一定要親自答覆，這事影響我很深，五十多年來，我都堅守着這個原則，來信必覆，絕對不把人家的信，丟到字紙簍中，置之不理。

爲了兩位周先生的學生來訪，我們只得告辭。

周先生是如此注重禮節，一定要送我們出大門，因此我得親眼看到他也彎着腰穿過小洞門，無疑義地，剛才那兩位進來，也是走的小門。

「哈哈！我今天投降了！」

等到周先生的背影消失在小門裏面時，我這樣對小鹿說：

「正好教訓教訓你，走小門有什麼關係呢？」

小鹿很神氣地回答我。

* * *

周先生是一位矮小，嘴邊蓄着小鬍子，像一個十足的日本式的中國人。

我和周先生通了好幾次信，這回才見面，雖然沒有痛快地多談；可是已經很滿足了。第二次我又去看他，為了送慕實一部詩稿請他指正，我本來和他約好了時間的，只因我遲到了半小時，他因事出去了；幸而我沒有白來，無意中見到了若子——周先生的美麗而努力向學的女公子；可是若子呵，你為什麼只給我看一次呢？而且一生就只有這短短的一面呢？

那是第二次，我來到這窗明几淨的客廳，從南屋走出來一個十五、六歲模樣的小姑娘，圓圓的大眼睛，窈窕的身材，美麗的面龐，配着活潑的步伐，沉靜的態度，更顯出她是個善感多思的熱情女郎，她只向我微微地一笑，我把留的字條和詩稿交給她，也不問她的父親到那裏去了？幾時可回？就這麼匆匆地回來了。

兩天之後，接到作人先生來信，說他病了；我因課忙，也沒有去看看他，只寫了一封簡短的信去慰問。這時我的腦子裏充滿了若子的影子，我想她一定很可愛，看她穿着一身樸素的衣裳，知道她並沒有染上摩登的習氣。

周先生和我還是繼續通信，不見面又有兩個多月，忽然一天上午，我從外面回來，同學王君手持一張世界日報，告訴我周先生的小姐若子死了！這突如其來的惡耗，使得我全身都痲木了，當時我還不知道是不是我看見的那一位，誰知道看了報紙上的相片，天呵，正是我在想念着的那個可愛的女孩！我沒有勇氣再看報了，我回到寢室，連忙寫了一封慰問周先生的信，當時我的手還在發抖，能够寫什麼呢？明知幾句辭不達意的話，只有增加周先生的痛苦。我沒有勇氣去看周先生，固然我是爲了不敢看他老淚縱橫的慘狀，其實我是怕那副黑漆漆的棺材呵！

在棺材裏，躺着一個年輕美麗的，像天使般可愛，有無限前程的若子，她和最親的父母兄弟姊妹，至愛的朋友們永別了！唉！棺材，多麼可怕的東西！可咀咒的死呵！

由於若子的死，我感到人生的悲哀，這樣年輕健康的孩子，尚且死得這樣出乎人意料之外，像我這樣多病的人，難免不有「今日脫了鞋和襪，不知明日穿不穿」之感。由她的死，更使我想到人生太短促，要做的事情太多；更想起了幾年來爲革命犧牲的朋友，他們雖然是有意義的死，然而未免去得太早了。唉！……

大概是若子死後一星期以後吧，我忽然病了，而且病得很厲害，三天沒有起床，也沒有吃東西，不知怎的，我忽然勉強掙扎起來，寫了一封短信給周先生，大意說：

「我病了，我不怕病；但我討厭病，像若子一樣，多麼痛快呵！的確，一個人在病得很痛苦時，他就希望死，正如一個判決無期徒刑的囚犯，希望趕快槍斃一般；因爲死是人生的大解脫，對於死者本身，是一件很愉快的事情。」

* * *

「謝小姐，有客。」

號房送一張名片到我的床前，我接過來一看，出乎意外地周作人先生來了！本來我沒有一點氣力；可是這時不得不勉強爬起來，穿好衣服，走到冷冰冰的會客室去。（女師大的會客室，上午是照例不生火的。）

「呀！這麼大的雪天，您怎麼跑來了？」

這是我見周先生時的第一句話。

地上已經堆積着兩尺多厚的雪了，此刻正在下着的，是由北風中送來的沙雪，我剛從熱烘烘的被窩裏跑出來，自然覺得特別冷，因此全身不住地顫抖，牙齒也在發出輕微的響聲。

「病不厲害吧？吃了藥沒有？」

周先生帶着關懷而凄涼的語調問我。

「不太厲害，我是向來不吃藥的。」

我回答他時，注意他手裏拿着一包東西。

「不要忽略，要特別注意身體呀！」

他說話時的聲調，更低微，更顫抖了，我想他大概想起了愛女若子病時的情形吧？他要我特別注意，大概是怕我蹈若子的覆轍吧？我突然傷心起來了，淚珠湧上眼來，我並不是害怕自己會不會死，而是替若子夭折得太早傷心。

「眞想不到……」

好不容易我說出那四個字來。

「這……這……這是她…她的一張相片。」

周先生的眼圈紅了；但並沒有流下淚來。

當我提過他手裏的相片，和送給我的兩本書時，我第一眼發見了相片上面寫的六個字：

「亡女若子遺像。」

我持着相片的手，抖得更厲害了；我的兩眼，被淚網遮着，看不出相片，也看不見站在我身旁的周先生是否在流淚。

「我走了，很冷，你進去吧，望你好好保重。」

我的眼淚，終於忍不住滾下來了。

就在這樣凄涼、悲傷的情形之下，我送作人先生到校門口，望着他那蹣跚地走着的背影，在風雪中消逝了。

＊　＊　＊

第三次，也是最後一次，我到周先生家裏，去取慕實那部詩稿時，再也看不見周先生的笑容，只聽到他那顫抖的、若斷若續的語聲了。

「若子安葬了沒有？」

我鼓着最大的勇氣問他。

「昨天安葬的，今天我去看過她了。」

什麼都沒有說，只呆呆地坐了一個鐘頭，我回來了。

若子是周先生最愛而又最聰明的女兒，他的傷心是無法形容的；我也不了解，我和若子僅有一面之緣，爲什麼也這樣愛她，爲她傷心落淚呢？

二十年十二月二十三淸晨六點於上海

作者按：這是四十二年前的一篇舊作，題爲「周作人先生印象記」，想不起曾經發表在什麼刊物上，這次我去參觀舊金山的中國圖書館，在一本「文壇印象記」上面，發現有我的兩篇文章，用我的另一個筆名碧雲發表，題目刪去了「先生」兩字，重讀一遍，感慨萬千，我抄下來，改動了幾句，在修辭上也潤色了幾個小地方，並非敝帚自珍，而是那時的眞實情感，我應該保存的；同時以紀念此一代有功於新文化運動，而又平易近人，和藹可親的作家——周豈明先生。

六二年（一九七三）二月十四日於金山旅次

多產作家—沈從文

關於記敘沈從文先生的文章，我看過不少，比較給我印象最深的，是馬逢華先生的「懷念沈從文教授」，和李輝英先生的「記沈從文」。這兩篇，都是發表於「當代文藝」三十年代作家剪影上面的；而馬先生的那篇文章，又出現在「傳記文學」二卷一期，重讀一遍之後，使我萬分難過，一個這麼熱情、誠懇，待人彬彬有禮，潔身自好，從來不出鋒頭，不搞黨派，愛好自由，富有正義感的人，怎能在大陸生存下去呢？連他最愛的妻和兩個兒子小龍小虎，都要聯合起來，清算他，鬥爭他，他非但不敢反抗，而且用可憐的語氣，在他的小兒子虎雛的作文——「展開思想鬥爭」上面，加了一個眉批：『鬥爭』兩字像打架，你媽媽不是會打架的人，改用兩個別的字好不好？」

其實這篇文章並不是鬥爭他的太太，而是鬥爭沈從文自己。

在美國兩年多，我曾幾次到史丹佛大學的圖書館找大陸的雜誌看，希望發現一些我認識的人的消息，其中包括沈從文在內，結果失望了！我知道沈先生曾經吞服過煤油，以圖自殺；也曾用刀片割傷了喉嚨和兩腕的血管，都被太太發現救活；可是一連幾天，他昏迷不省人事。

後來他進了共黨的革命大學政治研究班，接受思想改造，得到的成績，不是「丁」就是「丙」，連個「乙」字也沒有，怪不得叫他打掃馬路，這眞叫「斯文掃地」了。

無恥文人郭沫若，曾經寫過一篇文章，辱罵沈從文爲粉紅色的妓女作家，罵朱光潛爲藍色的作家，蕭乾爲黑色的作家；而他自己呢？曾經叫過史達林爺爺，歌頌過：

「史達林
　親愛的鋼
　　永恆的太陽
　　　…………」

因爲他會拍馬吹牛，所以他沒有遭到清算鬥爭，成爲毛澤東下面唯一的紅文人。

閒話少說，這裏所要介紹的是沈從文的作品和他的爲人。

以一個沒有學歷而能當大學教授，在中國，的確是很少見的。沈從文沒有正式的學歷，有人說，他連小學都沒有畢業，完全是自學成功的；起初我不相信，後來根據他的自傳，才知他確實沒有學歷，他眞的是自學成名的。

民國十五、六年，正是國民革命軍北伐進行的時候，那時的知識青年男女，像發狂似的，紛紛從學校裏跑出來，丟開書本，投身在革命的洪爐，背上槍桿，爲打倒軍閥、完成國民革命而奮鬥。這時沈從文，也在中央軍事政治學校武漢分校受訓，他那本「入伍」，就是記載當時的生活。說起來，我和他還是同期同學；可惜當時我們並不認識。

民國十三年，沈從文住在北平，正和丁玲、胡也頻鬧三角戀愛。他們辦了一個「紅黑」雜誌，和「人間」週刊，上面所發表的文章，多半是描寫青年對於戀愛的苦悶，和不滿現實的種種牢騷。他們三個人裏面，要算沈從文的文學修養最深，丁玲初期的作品，聽說多半是沈從文替她修改過的；胡也頻是個有政治手腕的人，終於把丁玲搶去了；沈從文不愧是一個好好先生，他非但不懷恨胡也頻和丁玲，反而替他們兩人，各寫一本傳記，敍述他們過去的友誼和一切。

沈從文是個最富感情的人，記得有一次，天津「大公報」，曾發表一篇記者訪問他夫人的文章，說他追求張兆和女士的時候，曾經寫過一百封情書，一百封以前，張女士始終不回信；但沈從文從不灰心，他有再接再厲的精神，有不達到目的誓不甘休的決心。

據說張女士在接到沈的第一百零一封情書的時候，她大大地受了感動，連忙給沈從文打了一個要他即來結婚的電報，沈從文高興得發狂，他終於得到最後勝利了。和張兆和女士結婚之後，生了兩個男孩，家庭生活非常美滿。

張女士本來是沈從文在上海中國公學教書時候的學生，原籍安徽合肥，是李鴻章的外甥女，長得又漂亮又聰明，長於運動、話劇。據說當沈第一次上課的時候，一上講臺，看見幾十雙閃閃發亮的眼睛，一齊盯住他看，嚇得他一句話也說不出來，只在黑板上寫了「今天我不講了」六個大字便溜走了，於是學生哄堂大笑起來：有的以爲他有神經病，有的以爲他不會講書，大家你一句，我一句，亂哄哄地鬧做一堂，甚至還有少數學生反對他的。那時中國公學的校長是胡適之先生，他是提拔沈從文最力的人，聽說那時候教育部曾與沈從文爲難，說他沒有大學畢業學歷，不能當大學教授；可是胡生先是不管什麼學歷不學歷的，只要有眞學問，那怕是木匠出身，也可以當教授。教育部拗不過胡先生，只好特別通融了。

沈從文於一九〇二年生於湖南鳳凰縣，矮矮的瘦瘦的個子，鼻梁上老是架着一付近視眼鏡，態度十分斯文，說起話來，聲音很小，慢條斯理；如果遇着生人，簡直不願開口。他的生活經驗特別豐富，因此他的作品內容也非常充實，多以士兵生活，鄉土風俗，農村生活爲題材，文筆樸實優美，深受讀者歡迎；又因全國各大雜誌各大報紙的副刊，幾乎都有他的作品發表，所以有「多產作家」之稱。

他的小說描寫生動細膩，情節迂迴曲折，對於湘西一帶的苗民生活，知道得最清楚，所以在「湘西」、「邊城」、「湘行散記」裏面，都有很詳細的描寫。

提起「邊城」這篇小說，的確是他精心之作，日本人曾翻譯過這個短篇小說集，李健吾（筆名劉西渭）在他那本「咀華集」裏面，極力推薦「邊城」是一篇最美、最完整的作品；他並且強調說：「這是一首美麗的長詩。」

也許這是各人的興趣關係，我最喜歡讀那些文字簡潔流利，描寫活潑深刻的作品。我讀一篇文章，希望它像夏天的冰淇淋或者汽水，一咕嚕就吞下去了，使我感到清涼爽快。沈從文的文章，有些我愛讀；有些我嫌他寫得過於雕琢。他的作品也正像他的說話，有時候老是遲疑不決，不能一說就下斷語。記得「黃河」在北平復刊的時候，有一次我向他索稿，他很慷慨地答應；可是沒有說出一個交稿的確實日期，害得工友一連跑了五次，才拿到他的一篇舊稿，他修改了很多地方，態度非常認眞、嚴肅，一個字，一個標點，也不馬虎；這一點，我是最佩服他的。他不但仔細修改自己的文章；而且也認眞地修改他底學生的習作，以及讀者寄來請他潤色的稿件。

民國三十六年到三十七年，沈從文除了在北大任教外，還主編了四個文藝週刊，當時有人罵他是北平文藝界的托辣斯，這時他的精神開始受到威脅，如果有陌生的人去拜訪他，常常會吃閉門羹；不過，他不喜歡見客的主要原因，聽說那時他正害着嚴重的肺病，自然應該閉門靜養的。

沈從文從民國十七年開始任吳淞中國公學教授以來，教過的學校有武漢大學、青島大學、西南聯大、北京大學等。抗戰期間，他除了在西南聯大任教外，還在中法合辦的難童學校、育僑中學、呈貢縣中，做過義務教師；同時也是「自由評論」及「戰國策」半月刊編輯之一。他用過的筆名很多，有「懋琳」、「璇若」、「上官碧」、「窄而霉齋主人」、「休芸芸」、「甲辰」、「小兵」、「岳煥」、「季蕤」、「若琳」、「紅黑舊人」等。

他出版過的書，有下列二十三種：

一、從文自傳。二、游目集。三、月下小景。四、阿麗思中國遊記二卷（計二册）。五、從文甲集。六、從文子集。七、從文習作選集。八、湘行散記。九、湘西。十、八駿圖。十一、新與舊。十二、如蕤集。十三、主婦集。十四、春燈集。十五、邊城。十六、長河。十七、黑鳳集。十八、一個女劇員的生活。十九、雲南看雲集。二十、廢郵存底。二十一、鳳子。二十二、記胡也頻。二十三、記丁玲。

此外，「邊城」一書，曾由松枝茂夫譯爲日文，「中國土地」（包括邊城以及其他短篇）曾由白英、金隄二人譯成英文。

朱光潛的無言之美

現在關於朱光潛先生的消息，完全中斷了，有人說他早已被共匪整肅死了；也有人說，他還在勞改中受折磨；不論生死如何，可憐他在「紅朝」中做了無代價的犧牲品，是毫無疑義的，難道這就是朱光潛的「無言之美」的下場嗎？唉！……

抗戰勝利以後，北大文學院有兩個很紅的教授，一個是沈從文，一個是「給青年的十二封信」的作者朱光潛，他的個子和沈從文一樣矮小，也戴着一副眼鏡；但並不顯得近視。他的身體很強壯，比沈從文有精神。也許是年齡大幾歲的緣故，在應付人事方面，他似乎比沈有經驗、有辦法，所以在北大擔任外文系主任時，各方面都應付得很好。過去，他寫作很勤，自從抗戰以後，就專心於教學，很少寫文章。

朱光潛先生的酒量很好，據說紹興酒兩三斤是醉不倒他的。他是安徽桐城人。提起桐城，就會聯想到方苞、姚鼐的桐城派來，他雖然不贊成桐城派；可是自己好像無形之中，也創造了一個新桐城派似的。他的理論獨創一格，散文寫得很好，能够運用最淺近的例子來闡明深奧的哲理。他的十二封信，是民國十七、八年，從英國寄來，在「一般」雜誌上發表的。夏丏尊先生說，這是寫給一般中學生看的；並未指定某一受信人的姓名；不過，有人說，實際上他那時正和現在的太太講戀愛（對方是他過去的學生），以她做一個受信的對象，所以寫來格外親切動人。這位小姐因爲「無言之美」這篇文章，受到很大的感動，終於熱烈地愛上了朱光潛，這也是文壇上一段師生戀愛的佳話。

究竟「無言之美」是怎樣一種境界呢？他說：

「……其實何止愛情，世界有許多奧妙，人心有許多靈悟，都非言語可以傳達，一經言語道破，反如甘蔗渣滓，索然無味。這個道理，還可以推到宇宙人生諸問題方面去。」

「我們所居的世界，是最不完美的。這話表面看去，不通已極；但是實在含有至理；假如世界是完美的，人類所過的生活——比好一點，是神仙的生活，比壞一點，就是豬的生活——便呆板單調已極，因爲倘若件件都盡善盡美了，自然沒有希望發生，更沒有努力奮鬥的必要。人生最可樂的，就是活動所生的感覺，就是奮鬥成功而得的快慰，世界既完美，我們如何能嘗創造成功的快慰？這個世界之所以美滿，就在有缺陷，就在有希望的機會，有想像的田地。換句話說：世界有缺陷，可能性才大。這種可能而未能的狀況，就是無言之美。

世間許多奧妙，要留着不說出；世間有許多理想，也應該留着不實現；因爲實現以後，跟着『我知道了』的快慰，便是『原來不過如是』的失望……」

* * *

以上是朱光潛對於「無言之美」的一個解釋，他是主張人生應該有缺陷的，因爲要有缺陷，才能有美；如果一切理想都實現，人生太幸福了，那就不會再上進、再努力、再奮鬥，那麼人生還有什麼意義呢？這種思想，在某一方面來說是對的，例如一對青年男女，正當他們在熱戀的時候，想像着結婚是如何地快樂，如何地甜蜜，眼看着人家一對對牽着孩子的小手去看電影、逛公園，自己不知不覺地會發生一種羨慕。等到一旦自己結了婚，生了孩子，一切痲煩、困難的事，接踵而來，這才後悔爲什麼要那麼早結婚？爲什麼要那麼快生孩子？說實話，戀愛是美的，它像一首詩，一曲音樂；它是快樂的，像蜜一般甜，只要能得着他（或她）的愛，心想一切都滿足了；可是等到他們結了婚，生了孩子的時候，痲煩、吵架、痛苦就跟着來了。人生難道永遠可以沉醉在戀愛中嗎？當然不可能！既然不可能，那麼痲煩、痛苦，都應該承受的。

爲了無言之美，我竟寫下了這許多不必要的牢騷，現在再回到那十二封信上面去。

* * *

朱光潛先生那十二封信的動機，據說是因爲他看見當時的青年學生「太貪容易，太浮淺粗疏，太不能深入，太不能耐苦。」所以他寫了這十二封信，苦口婆心地勸他們要努力用功讀書，虛心學習，要動中能靜，靜中有動，能够擺脫，拿得起，放得下；目光要遠大，要深沉。

的確，這十二封信，每封都是勸中學生怎樣讀書？怎樣作人的道理和方法，如果我們能把每封信仔細地多讀幾遍，牢牢地記着作者的話，對於每個青年人的前途，相信有莫大的幫助。我敢說，在朱光潛的許多作品裏面，這十二封信，是最受青年讀者歡迎的一部。

* * *

朱光潛，別號孟實，一八九七年，生於安徽桐城，一九二九年，得英國愛丁堡大學文學碩士，一九三三年，得法國斯塔市堡大學文學博士，專攻英國文學、哲學及美學。返國後，歷任國立北京大學教授、國立四川大學文學院長、國立武漢大學教務長；一九四六年以後，任國立北京大學外文系主任。

朱先生的重要著作如下：

一、給青年的十二封信

二、文藝心理學

三、談美
四、談文學
五、我與文學及其他
六、變態心理學派別
七、近代英美散文選
八、英文散文翻譯示例
九、談修養
十、詩論
十一、克羅齊美學原理（翻譯）

此外，他還主編過商務印書館的「文學雜誌」。在「我與文學及其他」裏面，有兩篇文章，是值得愛好文藝的青年一讀再讀的，那就是「我與文學」及「從我怎樣學國文說起」。

最後，我還要特別介紹，朱光潛先生曾在國內擔任好幾年中學教師之後才出國的，所以對於一般青年心理和精神上的需要，他知道得很透徹，像給青年的十二封信，便是從這種體驗中得來的，讀了令人回味無窮。

＊　　＊　　＊

現在關於朱光潛先生的消息，完全中斷了，有人說他早已被共匪整肅死了；也有人說，他還在勞改中受折磨，不論生死如何，可惜他在「紅朝」中做了無代價的犧牲品，是毫無疑義的，難道這是朱光潛的「無言之美」的下場嗎？唉……

一九七九年八月於金山

我讀「微曦」

正是我右手腕跌傷的時候，我讀了馮馮先生送給我的大作——「微曦」。

說實話，我每天都下決心，想仔細地把這部一百多萬字的巨著讀完之後，寫點什麼向讀者介紹；可是我的時間太有限了，儘管躺在床上養病，因爲不斷地有朋友來看我，談話要佔去我大半的時間，直到昨天，我才把「微曦」看完了。

我高興，我感覺非常輕鬆，因爲我在假期中看了好幾部作品；而最使我感動，使我有時難過，有時興奮，有時眼淚流下來的，是這部作品。

原來，在兩年之前，作者還沒有開始動筆寫「微曦」的時候，他已經把故事裏面最精彩的幾段告訴我了。當時他平淡地敍述，我卻聽得津津有味。後來聽着聽着，我的眼淚不覺得流出來了。

「馮馮，要寫，你一定要把它寫出來！太感動人了！受了這麼多的折磨，在喝自來水充餓的日子裏，你沒有消極，你沒有灰心；相反地，你更積極地向上，更努力地苦讀，你完全靠自修的方法，充實自己成為『一舉成名天下知』的青年作家，你應該把這些艱苦的奮鬥生活寫出來，好做青年朋友們的榜樣。」

我記得很清楚，那時候，馮馮覺得我的話說得太「過獎」，使他有點怪難為情的樣子。「好，我一定聽您的話把它寫出來！」他回答我。

只因為我曾經聽過這個動人的故事，所以讀起來感覺格外親切，特別有興趣。我最欣賞的是第三部「狂飆」，和第四部的「微曦」；尤其是描寫范小虎在博物館的走廊上睡了兩年零四個月，在懷寧街的山東館裏洗碗洗菜，吃客人剩下的殘湯剩飯，喝自來水療饑……的這幾段，使我難過得流下淚來。

「午夜，我蜷臥在博物館後面冰冷的石板上，我的襯衣已經濕了，我只能倚靠我的汗衫保持體溫。我交抱着兩臂，不住地發抖。外面，凄風冷雨，樹梢沙沙作響，公園的路燈雖然看來溫暖，我卻不能從它那兒獲得半點溫暖，疲乏使我朦朧睡去，寒冷和饑餓，卻隨時使我醒來，聽見那嗚嗚的火車汽笛聲音，劃破靜寂的夜空。」（九三〇頁）

當我看到這裏的時候，我難過得想哭，卻又不願流下淚來，我不應該這麼感情脆弱，我要冷靜地往下看；果然，小虎堅強起來了，他不去做叫化子，更不願當小偸，他相信光喝自來水，至少可以支持五六天。不錯，我曾經也有喝三天自來水代替吃飯的經驗；在日本監獄中，我有一星期不吃飯的記錄，不是也沒有餓死嗎？

由范小虎擦皮鞋，買課本自修，投考海軍學校、翻譯官，不願招贅，到投稿、退稿，後來改用法文、英文參加國外徵文比賽當選……使讀者一步一步地由黑暗進入光明，由緊張轉入輕鬆，由失望、絕望，轉入希望，由痛苦進到快樂，這是一個眞實的故事演變，絲毫沒有虛假；我敢說范小虎就是馮馮的化身，正如大衛高柏菲爾是迭更斯的化身一樣。洗文淑，也就是馮馮的母親。她，眞是一個偉大的女性，沒有她，絕對不會有范小虎，不會有馮馮！我相信凡是讀過「微曦」的人，沒有不佩服洗文淑的，她是一個典型的中國女性，典型的賢妻良母，她溫柔賢淑，教子有方；特別是她有堅強的意志，清晰的頭腦，吃苦耐勞的精神，和那顆愛丈夫、愛子女、愛國家、愛人類萬物的赤心；她和她的兒子小虎，都是虔誠的佛教徒，因此有「我不入地獄，誰入地獄」的犧牲精神，她們母子的生活，眞是够苦了；但終有苦盡甘來的一天，如今馮馮雖然生在這「最不幸的時代」；但也是最幸運的時代」，他那「來自心中的勇氣」，眞的「把希望帶給自己，也帶給了別人」，他已經熬過了漫漫的「寒夜」，衝破了層層的「鬱雲」，經過幾年「狂飆」似的奮鬥，他終於看到「微曦」了！爲什麼作者不用光明兩字，而用微曦呢？我想，這一定是他的謙虛，認爲現在是他的黎明時代，他說：

「我不把目前當作一個奮鬥的結束，而是一個新的奮鬥的開始！」（一四五七頁）

大體說來，「微曦」這部一百多萬字的作品是成功的；但也有它小小的缺點：例如第一、二兩部，有些地方寫得太嚕嗦；自然，在好的方面來說，這是描寫細膩，可能作者受了翻譯小說的影響，以爲越細膩、越能引起讀者的興趣；其實好的作品，都在幾百、幾千字的精華裏面，都德的「最後一課」，莫泊桑的「項鍊」，這是大家有目共覩的，用不着我來說明它們的好處。

還有在「微曦」一三九四頁，作者描寫范小虎去看他那位已經結婚的女朋友素芬，在心理描寫上，他是成功的；可是在敍述那個鄉村小雜貨店方面，未免太浪費筆墨了。

此外，圓山飯店赴宴一段，似乎也可以略去。

最後，我要誠懇地向青年朋友們推薦，這是一本值得一讀再讀的好書，作者馮馮先生非但有天才，而且是一個特別努力的模範青年。天才再加上努力，他的前途是不可限量的！

我讀過他的「微笑」、「苦待」和「水牛的故事」，的確是很好的短篇小說，現在繼「微曦」之後，他又發表了幾個中篇和長篇，這麼努力下去，我相信他的進步是無止境的。

在這裏，我祝福他，也祝福所有堅苦奮鬥、努力上進的青年們，有個光明幸福的前途。

五十三年九月十三夜

爲愛犧牲的石評梅

這是一個五十三年前，在北平女師大宿舍，聽到的一個悲慘故事。

提起石評梅，我就忘不了兩個好朋友：一個是陸晶清，大家叫她小鹿的；另一個是：「海濱故人」的作者黃廬隱。在她們兩人的口中，評梅簡直是位現代的女聖人。

「她是一個最熱情，對朋友忠厚，待人誠懇，不論教書、做事，認眞負責，她眞是一個模範婦女的典型人物。」

小鹿說。

「這樣的好人，是應該長壽的，爲什麼反而短命呢？」我問。

「這就是古人所說的紅顏薄命了！天忌英才，自古皆然，不足爲怪。」

小鹿深深地嘆了一聲，眼睛開始有淚珠在滾動，我怕她傷心，連忙換了一個話題：

「小鹿，我們不談評梅的死，談談她的兩個戀愛故事吧。」

小鹿用手帕擦了一下眼睛，沉默了一會兒說：

「這是評梅一生最悲慘的兩個戀愛故事：第一個男朋友，叫做吳天放，又名天辛，他是在歐洲留過學的，長得英俊瀟灑，有風流才子之稱，說得一口非常流利的英語，據天辛自己說，曾經有兩個少女拼命追求過他；可惜他已經是使君有婦了。」

「結果呢？」我性急地問。

「結果，一個女孩投海自殺，一個失蹤。」

「那麼，評梅是他的第三位愛人？」

「第三位，也是他的最後一位。」

「評梅怎麼認識他的？」

「說來話長，當評梅投考北京女子高等師範的時候，她才十七歲，她的父親不放心，於是拜託一位朋友間接地介紹吳天辛照顧評梅，他們見面之後，彼此都有很好的印象。評梅心裏，如有什麼難解決的問題，或有什麼不明白的事情，她就向天辛請教。還記得一九二四年四月二十八日，世界有名的印度詩人泰戈爾到了北平，他有幾次講演，都是天辛擔任翻譯。評梅在城南公園，見到了泰戈爾，眞是高興萬分！她深深地崇拜泰戈爾的偉大，也欽佩天辛的翻譯，是那麼流利自然。本來她是醉心文學的，現在更下決心，要走向寫作之路。

這時候，評梅最痛苦了，她已經離開家五年了，父親累次來信，催她回家結婚，（誰也不知道，評梅是否從前訂過婚？——冰瑩註）她卻正在和天辛戀愛。評梅是個很孝順父母的好女兒，她爲父母織毛衣寄回去禦寒，常常織到半夜，一面打瞌睡，一面織毛線，錯了針又拆掉，再重新織，這麼一來，往往一件毛衣，或者毛背心，織了一個月兩個月，還不能完工，她煩惱極了！在這漫長的五年裏，評梅在感情上，陷於極端痛苦之中，她愛父母，這是一種與生俱來的天性之愛；但同時更愛天辛，也是一種天賦的男女之愛；在魚與熊掌，二者不可得兼的時候，她眞的痛苦得想要自殺！唯一解除這種內心矛盾的痛苦方法，只有拚命喝酒，她並不是不知道舉杯澆愁愁更愁；可是除了借酒來痲醉一下神經外，她實在想不出第二個好法子來。」

「後來評梅又怎麼愛上高君宇的？」

我明知道小鹿講了這麼一大段，應該讓她休息一下再說；可是聽故事的人，照例是性急的，小鹿喝了兩口茶，不慌不忙地說：

「正在這個時候，評梅從一位最好的朋友那裏，聽到天辛的愛情，是靠不住的，他明明是個風流人物，害了三位少女，還說：她們是自作多情，不能怪他。評梅聽了有關天辛的話，當然心痛，她正在想用快刀斬亂痲的方法，擺脫天辛的糾纏時，她又跳進另一面愛情之網了！高君宇和石評梅是同鄉，她們是在山西同鄉會上認識的，那時君宇已畢業北京大學，擔任該校的助教，因爲兩人都是熱心會務的人，常常見面，感情就一天比一天濃厚起來。那年秋天，高君宇在西山碧雲寺摘下一片鮮紅的楓葉，寄給評梅，上面題了兩句詩：『滿山秋色關不住，一片紅葉寄相思。』不料評梅沒有接受，她把紅葉退還君宇，還附了兩句話：『枯萎的花籃，不敢承受這鮮紅的葉兒。』你想，君宇收到退回的紅葉，內心作何感想？還有更使君宇傷心的事在後面呢！」

小鹿暫時停下來。

「小鹿，請繼續說吧。」

「君宇並不死心，他索性買了一個象牙戒指，親自送去；而且替評梅戴在左手的無名指上，這回，她不好意思拒絕了。」

「廬隱的『象牙戒指』，是不是寫的這個故事？」

我插了一句。

「我想是的，下次見到她時，可以問一問。」

「當我看到評梅手指上的象牙戒指時，我很驚訝，也不贊成，我問她：『評梅，你和君宇訂婚了嗎？』她回答我『沒有』，於是我很不客氣地告訴她：這是一個訂婚戒指，你不加考慮就戴上，將來你們倆人，不論誰有了什麼變化，怎麼處理這枚戒指？評梅雖然有十來位很好的女朋友；但她和我、廬隱兩人的感情最好，她又特別聽我的話，居然立刻當着我面前取下戒指，第二天，就送還給君宇；君宇知道其中必有原因，他雖然感到萬分傷心，也只好接過來套在自己左手的無名指上。自從這件事發生之後，君宇對評梅的希望破滅了，本來他有肺結核病，現在愈來愈厲害了。一九二五年的元旦，一大早，評梅偷偷地去醫院探視君宇的病，君宇告訴她：『我前幾天晚上，作了一個怪夢，我在地上撿到一個戒指，上面刻有「殉屍」兩字』評梅聽了，大吃一驚，她心裏在想：這一定是個不祥的預兆；但她立刻安慰君宇：夢是與現實相反的，也許你的病，很快就會好了。」

小鹿說到這裏，突然說不下去了，我了解她這時心裏的難過，不敢再催她，只靜靜地期待着她啟口。

「後來君宇的病，拖了多久？」

我忍不住地問。

「這是一種富貴病，有的可以拖幾年，甚至幾十年，完全靠療養，那時還沒有什麼特效藥可治。在一個狂風暴雨的晚上，君宇忽然匆匆忙忙地，跑來評梅的住處辭行，他說因爲某次講演，某篇文章的內容，有幾句太激烈，觸怒了某軍閥，正在到處搜索要逮捕他，不能不逃到南方，暫時避一避風險，以後通信，改用英文名字 Bovia。評梅當時聽了這個可怕的消息，她幾乎急暈了，她很想和君宇一塊兒走，又怕連累他。爲了安慰君宇，她含着熱淚，默默地自動從君宇手指上取下那枚象牙戒指，戴在自己的手指上，兩人最初也是最後一次吻別。」

「這又是另一個惡夢！」小鹿忍不住流淚了，她哽咽地說：

「君宇還沒有走成，不幸急性盲腸炎又發作了，他自己跑去協和醫院掛急診號，找醫生開刀，當時因沒有親友在旁，只好由病人自己簽字。那天晚上，評梅也作了一個惡夢，夢見君宇來向自己永別，心知不祥，跑去向君宇的弟弟打聽消息，才知道君宇已經死了，斷氣時，沒有任何人在身旁，够悽慘了！……」

說到這裏，小鹿已泣不成聲；我也忍不住淚下如雨。

「唉！可憐君宇死時才二十九歲，正是青年有爲的黃金時代，沒想到他竟被病魔奪去了他的生命。君宇是一九二五年，三月五日病卒於協和醫院。評梅含淚將君宇葬於陶然亭，還在他的墓碑上，刻上君宇生前在自己相片後面，題的四句話：

『我是寶劍，我是火花，

我願生如閃電之耀亮，

我願死如慧星之迅忽。』

「評梅那時才二十三歲，比君宇小六歲。自從遭此打擊後，日夜鬱鬱寡歡，三年以後，她也因病逝世。死前，她曾經說過這樣的話：『生前未能相依共處，死後願並葬荒丘。』」

「所以朋友們將她與君宇合葬於陶然亭，還在墓碑上刻了評梅這麼幾句話：

『君宇！我無力挽住你迅忽如慧星的生命，我只有把剩下的淚，流到你墳頭上，直到我不能來看你的時候。

評梅』」

「聽說評梅最愛朋友，當時有十姐妹，常常在她住的地方聚會，叫做『梅窠』，除了你和廬隱兩人而外，尚有八位，你還記得她們的名字嗎？」

爲了分散一下小鹿的悲哀，我換了一個話題。

「記得！她們八個人的名字是：玉薇、露沙、小蘋、梅隱、漱玉、小玲、素心和婧君。其實評梅並不是只喜歡青年朋友，不論中年、老年，只要愛好文藝的，她都喜歡和她們交朋友，認識她的人都說：評梅好像中藥裏面的甘草，少不了她，誰都愛和她相交。自從她逝世以後，每逢星期假日，不知有多少癡情的男男、女女，去憑弔他們，爲他們獻花，並洒下不知多少同情之淚。」

「小鹿，你什麼時候陪我去弔他們？」

「下星期日上午九點去。」

評梅原名石汝璧，筆名評梅、評梅女士、波微、漱雪、冰華等。山西省平定縣人，生於一九〇二年，一九二三年，畢業於北京女子高等師範學校（卽北平女師大之前身）。一九二八年九月三十日病逝於北平協和醫院，時年二十七歲，聽到這噩耗的讀者，沒有不傷心的。

她的作品，因爲感情豐富，文筆流利，所以深受當時的青年學生歡迎。經常有文章在北京晨報副刊的「文學旬刊」，國風日報的「學匯」，京報的「婦女週刊」，世界日報的「薔薇週刊」、「語絲週刊」、「孤軍週報」、「詩學半月刊」、「綠波旬刊」、「北京文學」及中央日報的「紅與黑」等處發表。無疑地，評梅在當時，眞是一位名副其實的多產女作家。

她去世後，小鹿和廬隱替她編輯兩本書出版：

一、偶然草（散文集，一九二九年四月，北平華嚴書局出版。）

二、濤語（散文集，一九三二年，上海北新書局出版。）

以上兩書，距今半個多世紀，如今早已絕版。最令人傷心的事，大陸經過文化大革命之後，把歷代帝王及老祖宗的坟墓都挖掉，高君宇和石評梅的雙塚，早就沒有蹤跡了。

七三（一九八四）年五月三十一日於 FARGO

無妻之累的許欽文

許欽文，這位名滿全國的小說家，對臺灣的青年讀者來說，是陌生的；不過你到圖書館去，找一找民國二十一年，在上海出版的「宇宙風」來看，上面連載着好幾篇「無妻之累」，那便是許欽文在杭州監獄中所寫的文章，裏面飽含着無限辛酸、痛苦、寃屈，讀了它，沒有不同情他而不受感動的。

二十一年的春天，正當草長鶯飛，鳥語花香，遊人如織的時候，杭州曾發生一件轟動一時的同性戀砍殺案，主角是陶思瑾小姐，殺死了她最好的朋友劉夢瑩小姐，與這案直接有關係的，是爲文壇所熟悉的作家許欽文先生。

這是許先生一次不幸，也許又是幸運的遭遇，雖然他過了一年不自由、極懊惱、極傷心的鐵窗生活；但他的文名，卻因了「無妻之累」，而在文壇上更響亮，更無人不知了。

* * *

為什麼說這件轟動一時的情殺案，與許先生有關呢？原來那時他在杭州高中教書，與名畫家陶元慶先生是好朋友。陶思瑾是元慶的胞妹，那時正在杭州藝專肄業，劉夢瑩和她同班同學，又是最要好的朋友，因此也住在陶元慶家裏。聽說那時許欽文和她們一塊兒包飯吃，這樣，兩男兩女，四個人都像一家人似的和睦相處。

劉夢瑩是湖南人，曾在長沙省立第一女中肄業，天資聰敏，愛好文藝，因此對許欽文有特別好的情感。她長得明眸皓齒，亭亭玉立；加之湘女多情，許欽文早已默默地愛上她了；恰好這時陶思瑾也正深深地愛着許欽文，她害怕劉夢瑩將來奪去了自己所鍾愛的人，被自私的佔有慾衝動，早就有殺死劉夢瑩的念頭。

這是一個慘絕人寰，非常可怕而殘酷的眞實故事：

據傳說，陶思瑾是個陰險可怕的女孩，這天，她趁劉夢瑩沐浴的時候，特地指使女僕上街買很多樣東西，猜想她要很久時候才能回得來。

這時陶元慶和許欽文都上課去了，她趁着夢瑩正在洗澡的時候，手持菜刀，衝進房去，狠狠地用力一刀，便從後面砍破了劉夢瑩的頭；一時鮮血淋漓，接着一連砍了五十二刀（這是報紙上所載驗屍的統計），立刻把一盆洗澡水染得通紅，浴室裏到處濺滿了斑斑的血跡。

陶思瑾見情敵已被砍死，目的雖然達到了；但自己總難逃法網，於是假裝有神經病的大嚷大哭起來，說她和夢瑩是莫逆之交，相親相愛，日夜形影不離，今天不知道是什麼魔鬼附身，所以才發生這件慘事……

許欽文和陶元慶下課回來，目睹這慘酷、恐怖萬狀的景象，不知如何處理才好。一時陶思瑾假裝哀痛劉夢瑩之死，哭得在地上打滾，這時法院、警察局都派人來，將他們三人連劉的屍體都帶走了，只留下那個女僕看家。

* * *

陶思瑾長得不美，據女僕說，她心腸狠毒，外表卻裝作很老實的樣子，也許是做工不錯，結果真的發生了效力，法院把她當作瘋人，免了死罪，改判無期徒刑。

可憐的劉夢瑩，冤枉地做了無代價的犧牲；許欽文也倒楣，因爲含有桃色糾紛在內，他也被牽連入獄，法院硬說他與這血案有連帶關係，其實兇手是陶思瑾，與許欽文風馬牛不相及；可是塞翁失馬，焉知非福？許欽文囚居在監獄中的這段期間，竟寫了幾萬字的「無妻之累」，還搜集了不少寫作的資料；因此，他在文壇上的聲譽越來越大了！

* * *

許欽文，一八九七年，生於浙江紹興，關於他的學歷，很少有人知道；他的生活經驗，卻非常豐富：他曾當過小學教員、鐵路職工學校的教師；有一個時期，還在機關當過書記。

他開始寫小說，是在「語絲」時代。初期作品如「故鄉」、「趙先生的煩惱」等，描寫細膩深刻，樸實無華。我很愛讀他的文章，因爲詞藻優美而流利，沒有一句拖泥帶水的話，也沒有故意雕琢的、自我陶醉的妙文，是那麼乾脆、俐落，好像和他的爲人一樣直爽、坦白。

許先生的小說，已出版的，計有：

一、鼻涕阿二
二、幻滅的殘象
三、若有其事
四、彷彿如此
五、回家
六、趙先生的煩惱（以上均爲長篇小說）
七、西湖之月
八、一罎酒
九、故鄉
十、蝴蝶（以上爲短篇小說集）

十一、無妻之累（散文集）

許欽文先生的作品，雖然不算太多；但每部內容都很精彩；尤其擅長描寫青年心理，在技巧方面來說，他是很成功的。

他從監獄中被釋放出來之後，第一件大事，便是結婚，第二年，就當了父親。後來他又在一本雜誌上，寫起「有家之累」來了，那是一篇爲油鹽柴米、妻子兒女所累，而發牢騷的文章，內容遠不如「無妻之累」的精彩。

大約是三十八年的秋天，我在臺灣，看到過他在香港某晚報上發表的一篇文章，那時他的興趣大大地改變，不喜歡寫作，而把全副精神放在種菜上面；如今久已不得他的消息，不知近況如何？

生命的船艙—記王統照

一提到王統照先生，就會聯想到中國文學研究會，因爲他是該會的發起人之一，也是在當時「小說月報」和「東方雜誌」寫稿最多，對於新文學最有貢獻的一位作家；同時，他也是一位孜孜不倦的學者，家裏藏書很多，在青島，有三間藏書室，可惜日本軍閥佔領青島的時候，把他的書全部搶去，當做廢紙拍賣了。這是他最傷心的一件事，他不能聽到任何人問起他的書；一提到，他便要心痛，大發牢騷。

王統照先生，別號劍三，用過的筆名很多。一八九七年，生於山東諸城，民國十二年，畢業於北京大學文科，留學英國，入倫敦大學，並在大不列顛圖書室研究文學與藝術史；回國以後，擔任私立中國大學、國立暨南大學等校文學系教授，講授文學概論；勝利後，任青島國立山東大學教授。

抗戰期間，王統照先生因爲家中人口多，沒有逃到後方去，整整地在上海過了八年多不自由、忍辱含恨的艱苦生活，一家老小十幾口人，都要靠他化名賣文來維持生活，的確是一件不容易的事。

在日本軍閥統治之下，王先生隱埋姓名，秘密地從事地下文化工作。雖然生活萬分艱困；但他絕不悲觀，更不向敵人屈服，他還是照常每天從事寫作。

民國二十九年，曾出版散文集「去來兮」，和詩集「江南曲」；三十一年出版譯詩「題石集」。從這幾部作品裏，我們可以看出王先生的愛國熱忱，和對於抗戰一定獲得勝利的信心。

在「江南曲」裏，曾有一段這樣的話：

「原始的食肉獸，已經來到你的身前，難道你甘心把你的肉體、靈魂奉獻？決不！決不！」

接着，王先生又在另一首詩裏寫道：

「中華，中華，

世界獨存的碩果，

他永不怕貪毒鑽食的虫蟻。」

有了這樣堅定的信心，自然便發生堅忍不拔的勇氣。在另一首詩裏，他又寫道：

「誰曾向威力低頭傾服？
年月，
火力，
刀劍，
待我們的嘗試，
中華他不會永埋黃土！」

像這樣類似的句子很多，由此可以表現詩人忠心愛國的思想。

＊　＊　＊

可是在另一方面，日本軍閥卻在到處搜查他，恨之入骨。黑名單上，早已登記了他的名字，敵人眞笨，一點也不知道住在他們隔壁的一位芳鄰，便是鼎鼎大名的作家——王統照先生。

這裏有一個笑話，是朋友劉先生告訴我的：

「正當上海日本軍閥大捕抗日文化人的時候，王先生的小兒子立誠，因爲不小心，把隔壁日本鬼的電線弄壞了，日人找到王先生的門上來大罵不休，如果知道站在他們眼前的，就是王統照，豈不糟了嗎？」

＊　＊　＊

抗戰勝利後，王先生回到青島，起初爲了幫一位朋友的忙，在一個機關工作；不久，他對於這種坐辦公廳的機械式生活，感到非常厭倦，他覺得僅僅爲了錢，而耽誤了寫作，未免太可惜了！於是就毅然決然地辭去了那工作；幸好不久就被山東大學聘爲教授，實現了他一面教書、一面寫作的計畫，精神上是很快樂的。

凡是王先生教過的學生，都尊敬他，熱愛他；尤其是那些愛好新詩的青年，都喜歡去王老師家裏請教。

這時，不幸的事發現了，王先生的身體，越來越衰弱，一連上兩小時的課，就喘不過氣來；在抗戰以前，從來沒有這種現象，顯然地，這是日本軍閥的賜予。

王先生常常生病，幸虧他對於中藥很有研究，一有毛病，自己做醫生開藥單，倒也十分方便。

＊　＊　＊

王統照先生在文學上的興趣，是多方面的：他喜歡寫小說，也愛寫散文、遊記、新詩；尤其愛作舊詩。已出版的書，有下列各種：

一、一葉

二、黃昏

三、春花

四、山雨

（以上均爲長篇小說）

五、北國之春（遊記）

六、歐遊散記（遊記）

七、去來兮（散文）

八、片雲（散文）

九、江南曲（詩）

十、夜行集（詩）

十一、春雨之夜（短篇小說）

十二、王統照短篇小說集

十三、題石集（譯詩）

此外，發表在國內各大報副刊及各雜誌上的作品很多，眞是不勝枚舉。

王先生對於寫作的態度，是非常認眞的，他隨時隨地都在觀察、尋找材料。常常在旅行的時候，把那些所見到的特殊人物、所聽到的故事記下來，以爲寫作時的參考。

修改自己文章的時候，不論是一句話、一個字，甚至一個標點符號，他都要經過仔細推敲。也許因爲過於認眞的緣故，所以有少數文句，顯得有點晦澀，讀起來不大暢快；但是他的文章像橄欖，如果你慢慢地細細咀嚼，會越讀越有味的。

羅仲霍烈士與尊孔中學

現今在吉隆坡尊孔中學讀書的人，恐怕很少有人知道尊孔中學最早的創辦人是羅仲霍烈士，他是黃花岡七十二烈士之一，起義那天，他和黃興、林覺民、林文他們一同進攻廣州總督署，不幸左腳中彈受傷，行走不方便，誤入旗人街，就被清軍捕獲了。

趁着三月二十九，紀念七十二烈士的時候，我特地將羅烈士的生平簡單地在此介紹一下，使後人知道他是一位爲革命犧牲的華僑教育家。

羅烈士名堅，字仲霍，別號則君，是廣東省惠陽縣芳隴鄉的人。生於民國紀元前三十年。在學校讀書的時候，同學們都在熱心學作八股文，準備應付科舉考試；獨羅烈士認爲這是一種不能使人盡量發揮思想，表達情感的呆板形式，因此他最反對八股文。當他二十歲的時候，父親不幸逝世，他要負起全家的生活責任，只好去教書。

羅烈士對母親非常孝順，對弟妹特別友愛，他常常買些滋補的東西帶回來孝敬母親。後來因爲家中人口眾多，所得不够開支，乃禀明慈母，隻身赴安南及南洋一帶謀生，慢慢地經過多年的努力，總算在經濟方面，有了一點辦法；可是羅烈士是一個心懷大志的人，他並不以生活問題得到解決就滿足了，他需要探求高深的學問，而且希望把這些有用的學問，貢獻給國家民族。

民前六年，他以最優的成績畢業於檳榔嶼師範學堂；不久，他去吉隆坡籌辦尊孔學堂，又到荷火水山創設中華學堂。當時他眞忙碌極了，除了擔任兩個學堂的校長以外，還兼任一家華僑報館的主筆。就在這個時候，他在新加坡認識了孫中山先生；羅烈士親耳聽到中山先生的革命言論，更加啟發了他愛國的民族思想；於是下決心矢志從事推翻滿清的革命運動。他奔走於南洋羣島，聲嘶力竭，大聲疾呼，喚起華僑捐款救國，聽講的人，沒有不被感動而慷慨解囊的。

民國前一年正月，他看見兩所學堂都上了軌道，就由南洋回到香港，參加實際工作。那時他在統籌部擔任秘書，日夜忙個不了，他的妻子聽說丈夫已來到香港，便攜了兒子從鄉下趕來。起初羅烈士不願見妻兒，爲的怕擾亂他的情緒，同時更害怕洩漏了革命工作的秘密，於大家不利；後來經過朋友們的婉言勸解，他才和離別了將近十年的妻子相會。

十年，這是一串悠長的歲日，他既以身許國，自然無法顧到家。自古忠孝不能兩全，羅烈士這時也顧不到他的母親了，他湊了點錢打發妻子回家，自己便偷偷地跑去廣州，參加三月二十九日的革命工作。

當他被捕審問的時候，羅烈士對於滿清政府的貪污無能，專制壓迫，罵得痛快淋漓，使在座的人都爲之動容，不覺對他肅然起敬！

羅烈士也和其他八十多位烈士一樣，（據羅家倫先生在黃花崗革命烈士畫史上面說，七十二烈士，是有姓名可考的，還有十四位烈士的屍體，因爲不知姓名，所以未能列入；實際上，那一次黃花崗起義，一共死了八十六人。）被難後，葬於黃花崗，從此，他們的忠魂受全國人民膜拜；他們的精神，像日月一樣，永遠地放出燦爛的光輝，照耀着中華，照耀着世界。

我讀麗貞的「李漁研究」

民國四十九年的秋天，師大上課不久，在國文系三年級上新文藝的教室裏，我第一次看到一位瘦小個子，戴着近視眼鏡，面目清秀，沉默寡言，常露微笑的女孩。

我照例發給他們每人一張調查表，請他們塡答十幾個問題；其中包括他們的姓名、年齡、籍貫，以及她過去看了哪些世界名著，愛好哪種形式的文藝作品等等。有的連十本世界名著的例子都舉不出來；而黃麗貞，這位來自香港的僑生，不但列出書名，連作者的名字也寫出來了。及到看了她的第一篇文章，詞句優美流利，內容充實新穎，才知道她是一個非常用功的好學生；畢業時，她是成績最優勝者，因此被留在系裏當助教。

＊　＊　＊

「麗貞生了個雙胞胎。」

當我聽到叔年告訴我這個消息時，我眞是驚喜萬分！想不到這麼瘦弱的麗貞，肚子裏能裝兩個小寶寶，實在難以令人相信，我馬上買了奶粉去看她。那時，他們住在師大圖書館後面一間小平房裏，祖燊上課去了，只有麗貞一人在照顧兩個嬰兒。我走近一看，眞好玩兒，小得像兩個一尺長的洋娃娃，閉着眼睛，長得一模一樣。

「妳怎樣區別他們呢？誰是哥哥？誰是弟弟？」

「這個先下來，取名方宗舟；他是弟弟，叫做宗苞。」

麗貞含着微笑爲我說明。

「好，以後够你們兩人忙的了；不過，我眞爲妳高興，妳的肚子只痛一次，卻生下了兩個小壯丁，太便宜妳了！哈哈！」

於是我們兩人都大笑起來。

從此祖燊和麗貞，每天日夜，都在爲小傢伙忙；我眞替他們躭心，小夫妻倆都是屬於瘦小型的，如何受得了？幸虧他們的身體很結實，沒有雇佣人，一面教書、著作，一面管家、照顧孩子。在這一段艱苦的歲月裏，不知道含有多少辛酸；不過我相信他們的精神是愉快的，興奮的。因爲一來眼看着孩子的成長，由牙牙學語，到現在上及人小學五年級。其中不知經過多少甘苦，眼看着孩子由無知進到懂事，努力用功，內心的快樂，只有過來人才了解。二來他們伉儷兩人都是同行，從事學術研究，雖在教課與家務繁忙之中，日夜抽出時間來寫作，精神上有了寄託，人生便有意義了。

當五十七年，麗貞的「金元北曲語彙之研究」出版的時候，我就驚訝，她從那兒來的這許多時間呢？接着六十一年又在商務館出版了「南劇六十種曲情節俗典諺語方言研究」。今年二月，當我從她的手裏接讀「李漁研究」的時候，我太高興了；因爲我也是個喜歡讀笠翁作品的人。雖然他的思想多多少少和我們現在的生活有點距離，但他「那種坦白的性情，豪放的襟懷，在窮困中尋樂的樂觀態度」（引作者自序），是我最欣賞的。特別是李笠翁的天才是多方面的，不論詩、詞、曲、賦、傳奇、小說、散文……無一樣不精，無一篇不美。過去，我只是零零碎碎看過他的作品，這回我從頭到尾讀了一遍麗貞編著的這本「李漁研究」，可以說很容易地找到了一條欣賞笠翁作品的門徑。我佩服麗貞的恆心和毅力。她把七八年來所讀笠翁各種作品的研讀心得，從五十九年年底開始，整整花了三年多，寫成這本二十四萬餘字的巨著。

記得我在講授「新文藝習作」課程的時候，特別注重隨時隨地蒐集材料，在看書的時候，要準備筆記本，寫下重要的資料，抄下那些優美的詞句，有關歷史的材料務必要眞實可靠。麗貞對於笠翁的每一件事跡，都有可查的根據，她在評傳文後的附註，多達二百四十八條，幾乎每句詩，每句話，每件事，都有根據的。

＊　＊　＊

李笠翁眞不愧是一個大天才作家，他的知識淵博，學問的接觸面很廣。他懂得美容，相面；琴棋書畫，無一不曉；對於園亭設計，花木栽培，古玩，烹飪，無一不精；而在學術方面，最有貢獻的是他的芥子園出版社。別的出版品且不去管他，單就「芥子園畫譜」這部書，就可以藏之名山，傳之久遠了。

笠翁自己的生活，已經到了苦不堪言的地步；可是他仍然以學術爲重，經營出版社，以弘揚中國固有的優美文化爲己任。他的作品因爲銷路好，所以有人替他翻版，可見作家的版權，從古代就沒有保障。到了現代，更加變本加厲，不是翻版偸印，便是把作家們比較好的文章選出來，印成什麼「選集」，沒有報酬，也不通知一聲。甚至還有更可笑的是：我曾收到一封這樣的信：「你的大作被選上了，請代銷一百本，好嗎？」看了之後，眞令人啼笑皆非。

＊　＊　＊

「麗貞，我眞佩服妳，在妳家事與課業這麼繁忙當中，能够寫出這麼有系統，條理清晰的著作，實在太難了！」

「哪裏，哪裏，老師太過獎了，這本書雖然花費了我許多精神和時間，祖燊給我一句評語『寫得不錯』；可是我自己並不滿意。」麗貞謙虛地說。

「這就是妳的進步，希望在不久的將來，我能讀到妳第四部、第五部妳最滿意的作品。」

六三年五月三日於潛齋

紅學專家吳宓

從暢流上讀到陳敬之先生關於吳宓的大作，使我想起了一段往事來：

彷彿是三十三年的春天早晨，一個穿着舊布長衫的陌生人，從我的屋簷下面匆匆地走過，又突然回過頭來望了一眼，然後一直朝李芳桂先生的房子走去。我看得很清楚，他的長衫，有幾個扣子沒有扣好，走起路來，那下面的衣襟，一飄一飄地，有點使人看不順眼。我正在想這人究竟是什麼身份的時候，他早已進了李家，而且在哈哈地開始談笑了。

那時候，燕大剛剛復校不久，沒有宿舍，我們和李、陳、吳四家，合租了成都東桂街七十二號，青老先生的後花園，環境非常幽靜，有池塘，有假山，有茂林修竹；還有核桃、柚子、石榴各種菓樹；也有海棠花、蘭花；更有廻廊和中西合璧的樓房。

我們住在花廳裏，是兩間平房。凡是來到花園訪友的客人，必須經過我們的屋簷下，那位長衫客其所以特別引起我注意的原因，是他的樣子長得太奇怪了。

說得過火一點，他的腦袋，彷彿像一顆炸彈，頭是尖形的，面黃而瘦，戴着一副近視眼鏡，走起路來非常瀟灑；可是從那件褪了色而又很骯髒的藍布長衫看來，很容易使人誤會到，他像一個理髮匠，或者賣油條的。

「來，我給你們介紹，這是頂頂大名的紅學專家吳宓先生；這位是——」

當主人李芳桂伉儷送那位長衫客人出來，經過我們門口，特別向我介紹的時候，我有點感到難爲情，他雖然不知道我內心的秘密；但我覺得對他太不敬了，差一點我把他當理髮匠看待。

「久仰，久仰！」我連忙請他們進來坐坐，李太太也幫我邀請，吳先生堅說有事要趕回去，只告訴我住在何公巷太廟，燕大臨時的宿舍內，希望我有功夫去玩。說完，他就頭也不回地飄呀飄地走了。

「吳先生是個不修邊幅的名士派，你看他的長衫，連扣子都不扣；而且髒死了。」

李太太說。

「他一定是個很有趣的人，改天我要去拜訪他。」

＊　＊　＊

自從燕大請了吳宓先生來主講「紅樓夢研究」以後，整個的成都各大學都被哄動了，多少男女學生，擠向燕大的禮堂去聽賈寶玉、林黛玉、薛寶釵、鳳姐她們的性格分析。不論颳風下雨，小小的禮堂總是擠得滿滿的，連窗戶上，過道上，都是萬頭鑽動，沒有揷足之地。

爲什麼會有這麼多人被他吸引住呢？原來吳宓先生對於紅樓夢有獨到的研究，積數十年的經驗，他似乎能從紅樓夢開頭的一句，直到最後一句，一字不錯、不漏地背誦出來，這是任何人做不到的。

還有，他講到某個人物的時候，就會學着那人的語氣說話；同時用動作、表情來表演，等於我們在看紅樓夢的話劇，常常會引起哄堂大笑，而且笑聲不斷。

「聽吳宓先生講紅樓夢，實在太輕鬆、太有趣了！」一個燕大的學生說。

「可惜時間太短，只有三個月。」另一個學生說。

「的確，時間太短了；否則我也要每星期抽出時間去聽呢。」我說。

＊　　＊　　＊

對於這位紅學專家，我眞是聞名已久，所以決定去訪問他一次，希望能多知道一點關於他的生活情形。

是一個週末的下午，我找到了太廟，吳宓住在一間光線暗淡的房間裏，假如不是他自己開了門來迎我進去，我眞不相信這就是他住的房子，滿地都是稀疏的稻草，好像剛剛鋪過床來似的。房子裏擺着一張桌子，一把椅子，一個書架，兩副床板；左邊的床上，堆滿了書；右邊床板上，鋪着一套看來好像有一年多未曾洗滌過的灰黑色被窩；桌子上堆滿了書，上面罩着一層厚厚的灰塵。那隻木椅子，除了屁股坐着的那塊小地方乾淨外，四周也都被灰塵包圍着。

吳宓很熱忱地招待我坐，隨即由茶壺裏倒了一杯溫開水遞給我，我一看那茶杯的邊緣，也和椅子一樣的情形，只有嘴唇接近的地方是乾淨的，我遲疑了一下，把茶杯放在桌上，一直到我走，始終不敢喝它。

「吳先生，爲什麼不叫工友打掃一下？」

我指着地上的稻草，微笑地問。

「今天知道你要來，已經打掃過了，平時還要髒呢！」

他回答着，引起了我的笑聲。我不知道他的脾氣，怎麼這樣好，工人不來打掃，也不生氣，也許他把全副精神都寄託在研究紅樓夢上面去了，所以對於生活，根本就不注意。

他是一個非常天眞的人，慷慨豁達，對事很認眞，每天按時上課，一分鐘也不遲到。他的講義，編得很詳細，從來不敷衍學生，長一點的文章，總是自己先背熟了，才去講授，他的記憶力特別強，能夠把紅樓夢背出來，是很有可能的。

* * *

他最崇拜天才詩人拜倫。曾主編大公報的文學副刊和學衡雜誌。他是一位能文能詞，譽滿全國的學者；可是在婚姻方面，他是失敗的。不知道他是不會追求小姐呢？還是小姐們看了他這副滿臉青髭的尊容有點害怕？或者不欣賞他的污癖？說不定這三者都是原因；因此在情場上，他永遠是個敗將，一直到他老年，還是孤家寡人一個，對於一個熱情的詩人來說，命運未免待他太殘酷了。

關於他的戀愛故事很多，這裏記下一個比較有趣的：

據說當吳宓在昆明西南聯大教書的時候，他愛上了一位非常漂亮的女生，那位小姐非但不愛他；而且看見他就害怕，連他教的課，也不敢去上了。

有一天，吳宓照例去拜訪那位小姐，恰好她出去了，她的一位同學在家。

聽到幾下敲門的響聲，裏面發出一聲嬌滴滴的問號：

「誰呀？」

「吳宓來也！」

門外學着小生的聲音回答。

「不在家！」

小姐故意大聲地回答。

「吳宓去也，明日再來。」

仍然是小生唱戲的語調。

「討厭！」

小姐不客氣地說。

「豈敢！豈敢！」

他又哼着唱戲的調子走了。

吳宓是這麼一位幽默而有趣的人物，關於他的戀愛故事很多很多，有一次他追求毛彥文女士，苦苦地追了好幾年，自以爲快成功了；不料那位小姐已與熊希齡老先生結婚了，於是他自己在詩裏寫道。

「吳宓苦愛毛彥文，三湘人士共驚聞。」

講起紅樓夢來的時候，他把自己比做妙玉。吳宓字雨僧又名雨生，筆名有餘生、藤影、荷聲館主等，陝西人。抗戰勝利後，他在武漢大學任英文系主任。二十多年前，我接到一位朋友來信說，吳宓已經出家了，不知道這消息是否確實，想到在精神上受過許多打擊的他，出家也很有可能的。

吳宓的著作有「雨生詩集」與「紅樓夢研究」等。

六十二、八、十一於舊金山

記秋燦芝女士

偶然在一本婦女雜誌上，看到秋燦芝女士寫的一篇文章，題目是「懷念偉大的革命先烈秋瑾女士」，只有短短的一千多字，卻把秋瑾烈士的革命思想和至死不屈的偉大精神表現無遺。

我和燦芝女士認識，是在六年前的秋天。那時她用心血寫成的「秋瑾先烈傳」剛剛出版不久，在一個文化界的公共集會裏，我們認識了；也許因為同鄉的關係，兩人談得很投機。她有直爽的性格，談起話來，乾脆，痛快，一點沒有虛偽。她不會講客氣，不喜歡應酬，不了解她的人，以為她有架子，因為她不大愛和陌生人打招呼，假如沒有遇到和她談得來的人，她寧可默默地坐在那裏沉思，連頭也懶得抬起來。

她把地址告訴我之後，第二天下午，我就去拜訪她，那時她住在浦城街，正在師範大學的後面，走兩百多步就到了。她的房間裏，只有一床，一桌，一椅，客人來了，就坐在床上聊天，椅子反而代替了茶几。

我們談話的中心，自然是秋瑾烈士，燦芝很沉痛而帶着幾分謙虛的語氣說：「先母不愧是一個偉大的女性，處在那樣不自由，黑暗專制的社會裏，她參加革命，幹出驚天動地的事業來，立志要替四萬萬同胞謀幸福，將他們救出水深火熱之中。她首先創辦中國女報，鼓吹革命，提倡女權運動，爭取自由平等；接着她又舉辦天足會，共愛會，參加孫中山先生的同盟會，組織光復軍；最後，她不惜犧牲自已寶貴的生命，來推翻禍國殃民的滿清帝國。她的一生實在活得太有意義太有價值了。可惜我不是一個作家，不會把她老人家的偉大精神描寫出來。」

其實，這是她的客氣話，凡是讀過秋瑾先烈傳這部書的人，都知道燦芝女士的文筆非常流利，雖然她因看的章回小說太多，未免多少要受點影響；但是不損害整個的主題以及藝術的眞、善、美。燦芝女士不但擅長中文，書法；而且英文很好。「秋瑾烈士傳」中文本出版不到一年，她的英文本也跟着問世了，那時她已遷居，獨住在一所空空洞洞的平房裏，我去看她時，她正在用英文寫作，旁邊放着一本厚厚的英漢辭典。她笑嘻嘻地望着我說：「不怕你笑我，有時我寫幾句就要查一下生字，我的記憶力太不行，很普通的生字，也會忘記，實在不像話！」

對於她，這位中英文擅長的女才子，我除了由衷地欽佩她、景仰她外，還能說什麼呢？

問起她這許多材料如何搜集得這麼完備時，她很感慨地說：

「我費盡了腦筋，東一點，西一點，花了二十多年才搜集這些材料，我離開大陸的時候，什麼也不能帶，幸虧一位外國朋友替我帶出來；否則，這兩本書就無從寫起了。」

「你還有什麼親人在大陸嗎？」我問她。

「還有個女孩，我眞想念她，什麼時候她能夠來到我的身邊就好了。」

說完，她深深地嘆了一口氣，我連忙安慰她，把話題轉到婦女運動上面去。

的確，當今之世，不要說女人裏面，很少像秋瑾烈士一般人物出現，就是男子方面不也一樣嗎？

「秋瑾烈士有了你這樣的好女兒，她老人家就可含笑於九泉了；何況你還有弟弟，女兒，他們都是秋烈士的繼承者，中華民國的有用人才！」

當時我們談話的聲音，彷彿還在耳邊繚繞，如今我們已有四年多不通音訊了，看了她的文章，還是那麼生氣蓬勃，充滿了活力。我在此遙望海天，祝福燦芝女士健康。

馬克吐溫和他的作品

「我與哈雷慧星，一塊兒來到這世界，將來也要和它一同離開世間。」

提起馬克吐溫（Mark Twain 一八三五—一九一〇），國內的讀者大多數是很熟悉的，他的名著「湯姆歷險記」(*The Adventures of Tom Sawyer*)不但譯成了世界各國的文字；而且這部電影，大受世界各國小朋友的歡迎。說他是童話作家，固然很恰當，其實，他是個非常富於幽默感的諷刺作家，但他的作品，一點也不冷酷，他是一個最富人情味的作家；雖然他逝世已經六十五年了，但懷念他的人，都以他剛剛離世的心情去參觀他住過的房子，撫摸着他彈過的鋼琴，和他用過的茶杯盤子。

一、馬克吐溫之家

一九七四年十月十二日，是我由北卡羅里那州（North Carolina），來到康奈狄柯州(Connecticut)的首府哈特福特（Hartford）的第二天，女婿白瑞問我：

「媽媽，你這次遠來，一定要多住幾天，這裏好玩的地方很多，你想要看些什麼呢？」

「你先告訴我，有些什麼地方值得看的？」

「第一，馬克吐溫住過的地方；第二，湖濱；第三，海濱，第四，參觀莉莉教鋼琴的康奈狄柯州立大學；第五，參觀這裏的農村；第六……」

「謝謝你，我想這許多地方，够我看的了，首先我們去馬克吐溫的家好嗎？因爲我讀過他好幾部作品，非常欽佩他。」

就在當天上午九點半，吃完早飯後，我們就去參觀馬克吐溫的家。

這是一座三層的樓房，建築於一八七四年，深紅近於咖啡色的磚，配合着淺藍色的瓦，四周聳立着高大的古樹，翠綠的葉子，襯着淺綠的草地，是那麼調和，那麼幽美，令人一見就心曠神怡。

購了票，很多人都在門外等着，原來這裏不是隨便進去參觀的，一定要等二、三十人以上，集合一隊，才讓我們魚貫而入，由一位嚮導小姐引我們順序參觀；同時給我們詳細介紹這位名滿天下的大作家的生活情形。

單看房子的外面，就可以知道，這是一座由建築師煞費苦心，特地爲馬克吐溫設計的維多利亞時代式的別墅，他在這裏住了大約二十年左右，完成好幾部有名的著作。

馬克吐溫原名 Samuel Langhorne Clemens，一八三五年十一月三十日，生於米蘇里州的佛洛里達一個鄉村，一九一〇年，死於康奈狄柯州的雷定城（Redding），他曾經戲言：

「我與哈雷慧星，一塊兒來到這世界，將來也要和它一同離開世間。」

說也奇怪，這句話，後來果然應驗了，在他死的那年，慧星眞的又出現一次。

他是在米蘇里州的漢尼堡城長大的，此城位於風景絕佳的密西西比河上（Mississipp i River），小時候，他的生活是很苦的，他曾經當過水手，經常往來河中，因此對於這條河流，特別有深刻的感情，他曾經說過：

「走遍天下，沒有比密西西比河再好的地方！」

也許就因爲這個緣故，他寫了一本「密西西比的生活」（*Life on the Mississippi*）。位於洛杉磯的狄斯奈樂園，有一條三層的大船，名叫「馬克吐溫」，坐在上面可以遊覽用人工建造的河流，看到兩岸的風景，有印地安人的生活，有瀑布，有森林野獸，還有水底的鱷魚。

馬克吐溫有三個女兒，一個兒子，不幸男孩只活到一歲零十個月就夭折了，這是使做父母的最傷心的一件事。

* * *

現在我們開始參觀了，慕名遠道而來的遊客太多，我們進去時，另有一批正從樓上下來，客廳裏擠得水洩不通，好在我有四條腿的鋼手杖，誰也不敢碰我。

所有客廳、臥室、書房、廚房、浴室、休息室……一切佈置，都像馬克吐溫生前的一模一樣。

最惹人注目的，是他的書房，架上、桌上，到處都是書，桌上還擺着他的原稿，在我的腦海中，突然浮現着彷彿他坐在椅子上正執筆直書的情景。

還有他三位女公子的房間最有趣，那些辦家家酒的小茶杯、茶盤、洋娃娃、小狗、小猫，沒一樣不可愛。

每一間房子裏，都放着沙發或者凳子，以便老年人坐着休息；可是，除了樓下進門的大客廳有人稍坐一會休息外，走遍三樓，沒有人坐，我也只好儘快地扶着樓梯下來，因爲腿子早就開始痛了。

* * *

馬克吐溫是一八七一年搬到這裏來居住的，他愛靜，整天不是寫作，便是看書，有時朋友打電話來，他也懶得去接，爲的怕打斷了他的文思。

我們參觀三樓時，嚮導小姐領我們去看馬克吐溫的小小電話間，那是掛在木壁上的一架古老的電話機，裏面忽然傳出來一個聲音：

「今天是聖誕節，我祝福大家快樂；只有一個人我不祝福他，那就是發明電話的人！」

聽到這裏，大家哈哈大笑起來；其實，他是不應該討厭愛迪生的，沒有他，他怎麼會有電燈、收音機、錄音機……種種的享受呢？

馬克吐溫的著作很多，現在將他的生平及著作介紹於後：

二、馬克吐溫的生平

馬克吐溫是美國公認最偉大的幽默作家，也是美國最偉大的作家之一。他最著名的作品，是兩部描寫十九世紀，他在密西西比河的少年生活的小說：「湯姆沙耶」(*Tom Sawyer*)與「芬野橘兒」(*The Adventures of Huckleberry Finn*)，有人音譯爲赫克是兒貝爾利芬——芬是姓，赫克是野橘子，是一個諢名，意思有如中國話：野孩子，頑皮精之類）。這兩部名著，敘述男孩少年時代在大自然中的遊玩和探險生活，充滿了童年的歡樂與冒險精神。

馬克吐溫在密西西比河度過童年，永遠難忘那時的歡樂；但是這兩個頑童湯姆與野橘兒，並非僅僅根據作者的童年歡樂回憶而已，其中也深藏着他的各方面學徒的經驗與努力創作，後來成爲作家的奮鬥精神。

克里門氏（Clemens）是蓄奴的佛吉尼亞州人氏的後裔。馬克吐溫的父親是約翰・馬歇爾・克里門氏（John Marshall Clemens），母親名珍・蘭普頓（Jane Lampton）克里門氏。他們在康奈狄柯州結婚，經過田納西州，遷居到米蘇里州。四歲時，由父親攜至同一州的漢尼堡城（Hannibal）。父親是一個不務實際的人，只是夢想着發大財。在漢尼堡，密西西比河，給馬克吐溫的印象是這樣的：

「偉大的密西西比河，壯麗的密西西比河，整個英里寬的浪濤，不停地奔騰着。」

馬克吐溫在這河的西岸，度過他的童年，接觸了早期的蒸汽輪船。

十八歲時，他在長兄奧爾里安的報館作印刷學徒，開始學習寫作嘲笑諷刺的少年文學作品，他寫了一本幽默短篇「紈袴子嚇着了非法佔地者」（*The Dandy Frightening the Squatters*），發表於紐約一家雜誌「地氈袋」（*B.P. Shillaber's Carpet Bag*）。

從一八五三至一八六二年的十年之中，他努力從事幽默創作，用許多不同的筆名發表。在這時候，他又擔任密西西比河蒸汽輪船的領航工作，若非內戰爆發，他可能一直幹下去。內戰時，河流關閉，他狂熱地參加南軍，當了兩星期的兵，（他說他辭職不幹了——實際上，這是他對自己開小差逃役的說法。）然後跑到內華達州去依靠他的哥哥——一個主張廢除奴隸制度的人，被林肯總統委任爲當地州長的秘書。

內戰在東部熱烈地進行；所謂有其父，必有其子，馬克吐溫忽然跑到西部去找金礦，日夜夢想發大財。

在西部，馬克吐溫的尋金夢失敗了，只好又去從事新聞工作。一八六二年，在佛吉尼亞城的「地區企業」(Territorial Enterprise) 報，得到一份工作，立刻展露了他的記者才能與幽默天才。一年之後，一八六三年二月，他採用馬克吐溫的筆名。(Mark Twain 原意是河川航行的術語，意思是「測得兩尋水深」，水手用繩錘測水深後，向船長報告水深時，高喊：「測得兩尋水深」，一尋爲六英尺)。

這個筆名，似乎將他的天才釋放出來了，從此他聲名大噪，終生從事幽默文學寫作。他的作品中，有一半是一般的報導文學；但卻以幽默作品見長。

馬克吐溫的幽默，諷刺活潑，雖受歡迎，卻被有些人認爲諷刺過火，近乎刻薄，他不免得罪了不少人。有一次他與佛吉尼亞城的一個同業記者互相臭罵，鬧到不打筆仗，而要用手槍決鬥。馬克吐溫因此被迫離開佛吉尼亞城。

到了舊金山，馬克吐溫又因謾罵市政府而被警察注意，天天來找他的麻煩，結果又不得不離開，與友人史提夫・吉爾里氏 (Steve Gillis) 逃到土奧藍漠郡 (Toulomne County) 的天使營 (Angel Camp) 去，史提夫的兄弟吉姆，有一座房子在當地的騾子山 (Jackass Hill)

山上。那一帶的廢礦坑裏，住着一些失敗的老邁的尋金者。馬克吐溫從他們口中，聽到「跳蛙」的故事，他就將這些材料，寫成他有名的短篇「跳蛙名人記」(*The Celebrated Jumping Frog of Calaveras County*)，在紐約星期六雜誌上（*Saturday Press, New York*）發表後（一八六五年秋天），他的聲譽遍於美東。

「跳蛙名人記」，改變了他的命運，從此奠定了幽默作家的基礎。以後雖因得罪人而受了不少挫折；可是再也不改變他的作風了。他爲好幾家報紙寫幽默短篇，（如 *Bret Harte, Californian* 等），又接受 *Sacramento Union* 報，委派到夏威夷當駐該地記者，常寫幽默式的報導。

從夏威夷回來以後，他開始作職業演說者，巡廻演講，包括一次勝利的凱旋到佛吉尼亞城，以後，他永遠離開了西部。他那時已是家喻戶曉的人物，記者、演說家，更大的名氣，是幽默作家。

使馬克吐溫名震全球的，是他寫一八六七年乘貴格城（Quaker City）號輪船航行的故事。初次以許多短篇發表於舊金山的 Alta California 報，後來在一八六九年又修改重寫，更名爲「在國外的無辜者」（*The Innocent Abroad*），出版後，使他獲得了當時的聲望，和一筆龐大的版稅，好像發現金礦一般的財富。這書是描寫從新世界進入古老社會的一段經歷。（按 Quaker 是宗教徒之一派，此處是代表船名。）

馬克吐溫成名後，有一天，他在貴格城友人的客廳裏，見到一張驚爲天人的，美麗淑女的相片，她是紐約州愛爾馬城的奧麗薇亞・蘭頓小姐（Olivia Langdon），一見難忘，——他時常這樣說——於是他就開始追求；起初並不順利，猶如他的採礦事業一樣，他被這位小姐完全拒絕。這時他一面用他失戀的時間來寫「無辜者」，一面寫了幾百封情書，給他的心上人。書寫成了，奧麗薇亞也答應婚事了。訂婚的時候，他將「無辜者」的校樣，獻給未婚妻審查；以後在三十四年的結婚生活中，他都把每一部原稿呈獻給太太，經過她檢查認可，才拿去付印。

太太奧麗薇亞是他作品的審查官，但並非頭一位。第一個是貴格城號輪船上的乘客瑪麗・費杉小姐（Mary Fairbanks）。讀者和書評家以及學者們，對於這種交給太太審查的辦法表示惋惜；但也許這正是馬克吐溫對於作品認眞謹愼的地方。

一八七二年，他的「無辜者」出版後不久，便與奧麗薇亞結婚了。他們最初住在紐約的野牛城（Buffalo, N.Y.），馬克吐溫自任野牛城快報（Buffalo Express）的編輯；可是報紙的工作太繁重，又賠錢；太太經常生病，兩年後，他不得不把報紙售出，賠了一萬多元。報業失敗，馬克吐溫傾家蕩產。一八七二年，他寫了「艱難歲月」（*Roughing It*），是回憶西部生活的自傳體裁作品。雖不如「無辜者」之受歡迎，仍然是風行一時，堪與當時最負盛譽的西部作家哈爾特（Bret Harte）相提並論。馬克吐溫又恢復演講，寫幽默文章，以補生計；這時收入不錯，在康奈狄柯州的哈特福特（Hartford, Conn.）定居下來，生活很好，他開始一生最重要的寫作時代。

在哈特福特的高級住宅區，文學界人士雲集，馬克吐溫在名作家史托維（Harriet Beecher Stowe）的住宅附近，建了一座色彩鮮明，華麗有如蒸汽輪船的房子，與當時的維多利亞式色彩灰黯的建築，成強烈對比。

一八七三年，繼「艱難歲月」之後，他以驚人速度，寫成「鍍金歲月」（*The Golded Age*）。這是一部與 Charles Dudley Warner 合作的諷刺小說；一八七五年，寫「密西西比河的回憶」(*Life on Mississippi*)，這是爲大西洋雜誌寫的許多短篇，回憶他在蒸汽輪船生活時代的幽默自傳；一八七六年，寫成最著名的「湯姆沙耶」（我國譯爲「湯姆歷險記」）；一八七六年，開始寫他最偉大的傑作「頑童列傳」，到一八八四年才寫完。

在這段時期，馬克吐溫與名作家哈爾特（Bret Harte）合作寫劇本，他曾經到歐洲大陸去過一趟，想重寫「無辜者」的成功；但未能如意，只在一八八〇年，在外國演出「流浪漢」（*A Tramp Abroad*），是他最失敗的旅行小說之一；一八八二年，寫成兒童讀物，「王子與乞丐」(*The Prince and The Pauper*)，成就遠不如「湯姆沙耶」；後來他又回到密西西比河去，於一八八三年，完成長篇旅遊小說「密西西比河生涯」；但此書唯一可取之部份，只是首篇「往事」(Old Times)而已。

馬克吐溫最成功的作品，仍推「頑童列傳」(*The Adventures of Huckleberry Finn*)，出版後，名震遐邇，達到了他聲望的最高峯，帶給他很多財富，這是一般的定論。

他投資過不少事業，一八八四年將大部份金錢，投資於出版事業——韋伯出版公司（S. C. Webster Co.）首先出版了「頑童列傳」，隨即於一八八五至一八八六年，出版「格蘭將軍回憶錄」；那時格蘭將軍（內戰的北軍將領 Gen. Ulysses Grant），貧病交加，奄奄一息，被迫將回憶錄廉價出售給出版商。馬克吐溫慷慨地忍痛地以最惠條件簽約，以十四萬元買下版權。出版後，創銷售最高紀錄。馬克吐溫付給格蘭將軍遺孀二十五萬元版稅，可能是十九世紀最高的版稅。

馬克吐溫對於當時新式的印刷機培資式（Paige）特別感到興趣，傾其所有，投資這種機器，買到那天，即決定用它來印刷他的新書「夢遊英宮」（*A Connecticut Yankee in King Arthurs Court*）；一八八九年，據他說，機器的發明人培資氏，是個精益求精的人，老是把機器拆開來研究改進，以致並未印好他的作品。

因爲負債太多，不得已，逼得他拼命寫作；最後，所有名著版稅的收入，都不能挽救破產，結果，他入獄了！後來幸得標準汽油（Standard Oil）的石油大王羅澤士（Henry Rogers）資助；並勸他將財產轉移於妻子名下，才保存他許多的文物。

在石油大王的資助下，馬克吐溫才恢復自由，於一八九六年，寫了「聖女貞德傳」（*Joan of Arc*），他自認爲這是他一部最偉大的作品；然而，有人批評，這本書最無「生命」價值。

爲了籌錢還債，他接受了合同，作環球訪問演講，因收到家信，知道女兒蘇西（Susy）在哈特福特患腦膜炎去世，（筆者註：這是個疑問，在我參觀馬克吐溫的屋子時，獲得的資料是說他死了兒子，而百科全書上說是女兒，待查。）而未竟全程，這是一個大大的打擊，使馬克吐溫陷入黑暗時期之中將近十年（一八九六至一九〇四）。這時期，他對於一切絕望，深深自責，滿室是無法完成的零碎稿子，他的天才，似乎已經枯竭。這時出版的，較爲有吸引力的作品，是「神秘的陌生人」（*The Mysterious Stranger*），其實這部書，還是由他的男秘書潘恩（Paine Albert Bigelow）將一頁一頁的殘稿，黏貼而成的，出版於一九一六年；後來馬克吐溫選擇潘恩爲他寫傳記。

一九〇四年，馬克吐溫的愛妻奧麗薇亞，在翡冷翠去世之後，他更是傷心欲絕，痛苦萬分！原來，馬克吐溫帶她到這裏來養病，是希望她痊癒的，想不到結果爲她送終。

過了一段時期，馬克吐溫的悲哀，暫時沖洗了一點，從此他又進入創作生涯的廻光返照階段，寫作已呈油盡燈枯現象；但他努力創作的精神仍然存在。他愈到晚年，個性愈加倔強，他的頭髮、鬍鬚都雪白了；加上他最愛穿的白色西裝，遠看，很像一個雪人。這時他早已名滿天下，享譽文壇；最後，他遷居康奈狄柯州的雷定城風雨地（Stormfield, Redding, Connecticut），他仍然用幽默筆調來描寫、評判人類的生活；可是在此時期，最重要的作品，是他的自傳，由他親口授給秘書潘恩而寫成的，於一九二二年他逝世後出版。

一九〇九年十月，長女克列拉（Clara）結婚，同年十二月，幼女慬亡故，從此，馬克吐溫孑然一身，年老多病，晚景凄涼，苦不堪言，於一九一〇年四月二十一日逝世於雷定城。

* * *

馬克吐溫的成就，很難定論，當他在生時，是一位受大眾歡迎的暢銷作家；文學界非常捧他，讚美他的；可是至友作家豪威兒（Howells, W.D.）對於一些過譽的呵護，有點吃醋，表示不滿。他雖然承認馬克吐溫一生努力奮鬥，的確有他的成就，和他的錦繡前程；但他認爲馬克吐溫，仍然不過是一個刻薄貧嘴的諷刺幽默家而已，未能登入殿堂的。還有一位心理學家布錄氏（Van Wyck Brooks）認爲馬克吐溫是克里門氏的眞正天才的反叛，他晚年的絕望衰退，正是自我對此反叛的痛苦承認。一九三〇年代，馬克吐溫解放民主的思想，達到了最高峯。作家 Devoto, Bernard 揚棄了布錄氏的理論，而以歷史及社會背景，來分析馬克吐溫，認爲他這個開拓先民之子，給東部衰弱的文風，以一種強烈有生命的民主影響力量，他是個偉大的作家。

不久，馬克吐溫又得到文壇的推崇與讚美：有人尊稱他爲「作家中的作家」。一九三五年海明威讚美他的「頑童列傳」，是美國第一部傑作。二十年後，福格納爾（Faulkner, William）也說過同樣的話。兩位諾貝爾文學獎得主，一言定評，馬克吐溫的名聲，比以前更響亮了！

馬克吐溫的文體活潑自由，因爲他做過長期的印刷工人及記者，他的文字掌握得很好，詞句流利清晰而經濟，相形之下，其他同時代的作家，文字不免顯得泥古、陳舊、重複嚕嗦。文體簡潔精練，是馬克吐溫的特點，從長篇小說「無辜者」一書中，在在可以看出來。

其次，馬克吐溫對於美國人的美式英語，有極深的知識。在他之前，美國人只有「方言」，並無文字；有了馬克吐溫的作品之後，美國人才有自己的文字。以前，美國俚語方言，往往出現於各作家的作品之中，例如前面所提到的幾位作家，只是一小部份採用美式英語，仍然受「文言」式的影響。

馬克吐溫解放了英文，在他的作品中，「跳蛙名人記」，差不多已擺脫英文的桎梏；在「頑童列傳」中，已完全揚棄了傳統英式英文，而代之以被英文作家認爲「不正確的」、「文法不對」的美文，解放了美文，開創了美文的文學先河，這更是馬克吐溫在文壇、在文藝界最大的成就。

至於他的幽默感，在那個時代，Humour 一詞，從不見於嚴肅的文學之中，「幽默」也者，我們不可能在狄更司的作品中看到；這名詞，當時被認爲是不登大雅之堂的打諢。馬克吐溫使幽默升了級，使它成爲一種藝術，這是他在文學上的貢獻，可與他解放美文的成就媲美。

馬克吐溫一生的事業，可說是反叛性的。內戰時，他以逃兵身份，反叛了傳統；他用滑稽的筆名「水深兩尋」出現，嘲笑諷刺，遊戲人間；又以幽默方式，使人重溫舊時的美夢。在「湯姆沙耶」中，他回憶童年的歡樂與天眞，反映出成人生活的虛僞；在「頑童列傳」裏，他假借一個頑童去拯救一個南方奴隸，而又感到有罪，使讀者同情頑童的「罪行」，由此可以看出眞正有罪惡，乃是南北兩方的成人——發動戰爭與暴行，眞正有問題的，是成人的良心；但是本書的最後一章，卻又退縮到童年時代去了，他對於人類與文明，有一種幻覺似的偏見。

馬克吐溫是反抗的，也是退縮的。在他的作品「夢遊英宮」、「湯姆沙耶」、「頑童列傳」中，都可看出來；可是他對於文學主要的貢獻，在於把美國南方的文字，變成文學化，把奴隸制度的悲劇，化為幽默。他的觀念，仍然是古老式的美國人的思想，他本着追求快樂與希望的原則，去追求人生，認為良心乃是人類的暴君與快樂。

最後，我們重複地說一遍：馬克吐溫的成就與貢獻，是他建立了美國鄉土文學的基礎；是他使美文升了級，獲得在世界文學的地位；他不愧是美國一個最早，最偉大的作家！

三、有關馬克吐溫的傳記

一、馬克吐溫的文學地位

THE LITERARY REPUTATION OF MARK TWAIN—BY ASSELINEAU R. (PARIS)

二、馬克吐溫，文學藝術家

MARK TWAIN AS A LITERARY ARTIST—BY BELLAMY, G, (NORMON, OKLA. 1950)

三、馬克吐溫與頑童列傳

MARK TWAIN AND HUCK FINN (BERKLEY, CALIF.)

四、馬克吐溫的熬煎

THE ORDEAL OF MARK TWAIN(N.Y. 1960)

五、幽默的命運

THE FATE OF HUMOUR(PRINCETON. 1966)

六、馬克吐溫在工作中

MARK TWAIN AT WORK—BY DE VOTTO. B. (MASS. 1942)

七、馬克吐溫的美國

MARK TWAIN'S AMERICA.—BY DE VOTTO, B. (BOSTON, 1932)

八、我認識的馬克吐溫

MY MARK TWAIN—BY HOWELLS. W.D. (N.Y. 1910)

九、馬克吐溫作品年表

A BLIOBOGRPHY OF THE WORKS OF MARK TWAIN—BY JOHNSON, MERLE (N.Y. 1935)

十、克里門氏與馬克吐溫
MR CLEMENS AND MARK TWAIN—BY KAPLAN, J. (N. Y. 1966)

十一、馬克吐溫作品手册
MARK TWAIN HAND BOOK—BY LONG, E.H.

十二、馬克吐溫及南方幽默
MARK TWAIN AND SOUTHERN HUMOUR—BY LYNN, E.

十三、馬克吐溫的寫作成長
THE DEVELOPMNENT OF A WRITER—BY SMITH, HENRY NASH

十四、馬克吐溫的童年幻想
THE INNOCENT EYE, CHILDHOOD IN MARK TWAIN'S IMAGINATION-BY STONE, A.E. (NEW HAVEN. 1961)

十五、馬克吐溫口授自傳共三部，一九二一年出版
PAINE. MARK TWAIN (N. Y. 1921)

「黑奴籲天錄」的作者

一九六七年的夏天，正在越戰打得如火如荼、萬分猛烈的時候，美京華盛頓DC突然發生黑人大暴動，死亡百餘人，傷者數千，財產損失，據當時估計，至少在十億美元以上。當筆者一九六八年秋天去參觀時，還看到許多被焚毁的房屋遺跡，眞有目不忍覩之慨。

黑白衝突的不幸原因，由來已久，這是有悠久歷史背景的，並不是一個種族膚色的簡單問題，而是與社會、經濟、政治、教育、法律各種問題，有密切關係的。

現在丢開這些問題不談，我只想簡單地介紹一本世界名著「黑奴籲天錄」的作者——史杜伊夫人。

我讀這本書，還在中學時代，那是五十年前，我只有十六歲。譯者是林琴南先生，用的是文言。有人說：林先生根本不懂西文，他是依據別人說給他聽，用筆錄下，然後再修改出版的。在此，我不能不佩服他的才華和勇氣，光就他譯出的一百多部世界名著來說，對於我國的新文藝貢獻，實在太偉大了！

「黑奴籲天錄」原名*Uncle Tom's Cabin*，直譯爲「湯姆叔叔的小屋」。作者史杜伊夫人（Mrs. Harriet Beecher Stowe）生於一八一一年美國東部康奈狄柯州的里契菲爾德城。她的家庭都信仰宗教，父親和哥哥都是當地有名的牧師，後來她嫁的丈夫，也是位牧師。

從小她就有一顆慈愛的心，所受的教育，有三分之二是有關神學的，其餘她最愛文學，最崇拜英國桂冠詩人拜倫，和小說家司各德。這兩位作家，後來對於史杜伊夫人的作品影響很大。

十四歲的時候，她的家由里契菲爾德城，遷往波士頓，幾年之後，又遷居辛辛納堤，這是因爲她的父親畢契爾（Lyman Beecher）當時擔任辛城蘭因神學院院長的緣故。

一八五〇年，她和也在神學院教書的史杜伊先生結婚（Mr. Calvin Stowe）生了六個兒女。

辛辛納堤屬俄亥俄州，對面是肯塔基州，中間隔着一條俄亥俄河（Ohio River）。肯塔基州有許多大農場，都是白人收買了黑奴在那兒工作，因爲不堪主人的虐待，他們往往集體逃亡，先渡河到辛辛納堤，然後再逃至加拿大去謀生。

一八三三年，史杜伊夫人還是一個充滿了熱情的女孩子，她旅行到肯塔基州，親眼看見一些農場的主人，住在花園洋房裏，享受着最富足、最舒服的生活；而那些黑人，卻衣服襤褸，骨瘦如柴，過着牛馬不如的生活。

「爲什麼？爲什麼同樣是人，卻有這麼大的區別？我要把他們的痛苦寫出來。」

她在內心裏，激動地許下了宏願。

這時候，恰好她的哥哥從南方回來，他把自己看到許多黑奴受迫害的事實，一五一十地告訴妹妹，這更使史杜伊夫人下決心，要把黑人悲慘的遭遇寫出來。她聽說密西西比河有一個殘暴的監工，曾經活活地把一個黑奴打死，後來在「黑奴籲天錄」中，描寫賴格瑞的橫蠻、殘酷，就是那位監工的嘴臉。

文章寫完之後，先在民族時代週刊上發表，獲得無數讀者的讚美，一年之後才刊完。起初只印五千本，沒想到出版的第一天，就銷了三千本，第二天就收回成本了，於是趕快再版，一週之內，賣了一萬本；這一年，居然達到三十萬本的高峯。在英國，這部轟動世界的名著，銷路更好，一年售出一百五十萬本，全世界有二十二種文字翻譯，在法、德、瑞典、荷蘭等國，銷路之廣，更是盛況空前。接着，有人把這本書編成劇本上演，也有用詩歌、音樂，來唱出了黑人的心聲。

作者最大的收穫，也是她對於全體黑人最大的貢獻，是促成了林肯總統解放黑奴；假如沒有史杜伊夫人的「黑奴籲天錄」，社會一般人，誰會如此深刻地了解，當時黑人所受的壓迫和痛苦呢？

現在是二十一世紀的新時代，美國已經沒有黑白之分，大家一律平等了；但希望這不只是紙上的宣言、報紙上的點綴，而是眞正做到了各種族一律平等的地步，那就天下太平了。

六一年四月九日于舊金山

文學的清教徒

——憶李長之

一

我曾經看過李長之先生寫的許多散文和文學批評的文章，可是沒有見過面。及到民國三十五年的冬天，我由漢口回到北平，在我的母校國立北平師大任課，有一天，國文系舉行會議，我第一次和李先生見面，眞是高興萬分！

這是普通一般人的心理，讀了某人的文章，就想有機會和他見見面，親聆教益就滿足了。

李先生的個子又矮又小，站在講臺上，還沒有女生高。他老是穿着一件藍布長衫，也許爲了舒服起見，衣服縫得那麼寬大，那麼長，走起路來，活像個耍木偶戲的，身子在衣服裏面，動個不停。

他戴着一副深厚的近視眼鏡，臉上浮着和藹的微笑，不大說話，尤其不喜歡應酬。遇著有人和他寒暄，他倒絕不會表現出很忙或者很疲倦的樣子，他一定會和你愉快地談着，即使在路上相遇，他也會站着和你打個招呼，決不裝出沒看見的樣子，而把頭偏過一邊去。

二

李長之先生，是中國從事文學批評的名作家之一，因此大家都很欽佩他。

有時，朋友和我談起，一個理想的文學批評家，最好同時是作家；要這樣，他才不完全站在主觀立場，專去吹毛求疵，尋找別人作品中的缺點，而會很客觀地去研究作者的思想與人格，作品與時代，作品與環境的關係，以及對社會的種種影響。李長之先生，可以說是一個態度很嚴謹，很客觀，很認眞，而絲毫不固執己見的批評家。

他是研究哲學的，因此有冷靜的頭腦，細密的觀察，深刻的分析；無論他批評文學史或者文學名著，他總是站在純客觀的立場，對書中的理論，加以精細的研究，然後做一個不偏不倚的結論。他不像有些批評家，先對某作家有了成見，然後戴上有色的眼鏡，去批評某人的作品是灰色的，某人是右傾、左傾，或某某派的。他從來不參加什麼打筆墨官司的集團，一天到晚，他只是埋頭研究、讀書、寫作。當他的太太還在山東沒有接出來的時候，他住在一個學生家裏，一間小小的房子，四周圍堆滿了書，他在書堆裏生活，簡直像一個和尙寂寞地念着他的金剛經一般；後來太太和小女兒從濟南來了，他們住在西四禮路胡同，師範大學的宿舍裏。

那是一個大雜院，孩子們的哭鬧聲，大人的吆喝聲，常常鬧成一片。長之住一大間房，用幕布把它隔開成爲寢室、書房、飯廳、廚房四部分。太太天天忙着做飯、洗衣、看孩子；長之下課回來，有時還要幫太太做飯、照顧女兒。作家的生活，照例是清苦的，長之自然也不例外。

民國三十六年，當「黃河」在北平復刊的時候，我特地跑去請長之先生撰稿，他正在寫一本文學批評的書，立刻給了我一篇「藝術論的文學原理」，我連忙向他千謝萬謝。臨別時，他送我到門口，很不好意思地對我說：「稿費可以早點給我嗎？」

「當然可以！最近我就親自送來。」

我知道他的生活一定很苦，否則，他絕不這樣着急的。那時「黃河」由我在北平編好，再寄到西安去印刷發行；如果等那邊的稿費寄來，起碼要在一個半月以後，我只好用自己的薪水，把稿費墊出來，趕快給他送去。雖然他的生活是這樣艱苦，但他從不發牢騷，只站在自己的崗位上，默默地，孜孜不倦地爲文學而努力。

三

李長之先生，原名長植，發表文章有時用「何逢」、「方稜」或者「失言」做筆名。一九一〇年，生於山東利津縣；一九三五年，畢業於淸華大學哲學系；一九三七年，任雲南大學講師；一九三八至一九四五年，任中央大學講師、副教授；一九四五至一九四六年，任國立編譯館編審；從一九四六年開始，任師範大學教授。

長之對於文學的興趣是多方面的，他的著作很多。最早，他喜歡寫詩，後來寫小說、散文；最後轉到文學批評。他的著作，已出版的有：

一、夜宴（詩集），二、星的頌歌（詩與散文），三、苦霧集（散文），四、夢雨集（散文），五、李白及其痛苦，六、中國畫論體系及其批評，七、中國的文藝復興，八、文藝史學與文藝科學，九、魯迅批判，十、批評精神，十一、韓愈，十二、司馬遷之人格與風格，十三、西洋哲學史，十四、北歐文學，十五、歌德童話，十六、淸教徒的詩人，十七、德國的古典精神。

詩一般的「薔薇頰」

我除了小說而外，最愛讀小品文；尤其是季薇的小品文，幾乎每篇都像一首詩；不！有時比詩還美。隨便他寫短短的幾百字，一定有一個正確而明白的主題；在修辭上，他從來不故意雕琢，信手拈來，便成佳作。因爲太接近自然，所以讀起來便好像欣賞一朵花、一棵樹、幾片白雲一樣的美，一樣的舒服。

三月十一的晚上，我從季薇先生手裏接過來第一本「薔薇頰」，在扉頁上我寫下了幾行字，第一句便是：

「這是一本比詩還美的小品文！」

正中間是一行觸目的方體字：

「青春不爲少年留；珍重薔薇頰！」

我不知道應該從那裏寫起，因爲打開五百八十頁的書，有二百一十四篇文章，叫我從那篇開始看好呢？幸虧有些我早就讀過了的，像「海天萬里」和「淡塘拾翠」裏面的二十多篇文章，曾經使我看了一遍還想再讀三讀；原因是他筆下的少年時代的生活，有許多和我在故鄉的情景太相似了；而馬祖風光的描寫，又是我親身經驗過來的，所以讀起來感到特別親切、有趣。

近年來，文壇上有一種特別的現象，流行長篇小說，我常聽到書店老闆說：「短篇小說和散文很不好銷。」因此，當我看到季薇這本厚厚的「薔薇頰」時，不覺大吃一驚，暗中佩服他魄力之大；不過我相信，它的銷數一定比長篇小說還要好，因爲內容非常充實，不論寫景、抒情、敍事、議論，都是那麼引人入勝，如嚼橄欖，如飲瓊漿。

我最喜歡的是，在這本作品裏，充滿了樂觀進取的精神，充滿了人情味。特別是作者的重視友情，也正和我的看法一樣，他說：「親情、愛情、友情，充實了人生，也美化了人生。」「友情，卻是幫助起飛的翅膀。」（見五一七—五一八頁）

「友情是一份精神上的財富，因爲有它，無論走到那裏，到處都是溫暖。」（一二五頁）

「最名貴的化粧品，不是脂粉口紅，是發自內心而形之於外的微笑——一種雍容高貴的微笑，一種象徵友誼和善意的微笑。」（五七八頁）

「對於朋友，心是一座花園。

人的一生是够忙、緊張、辛苦的，請多到花園裏來走走吧！」

好了，引的不少了，就此打住吧。

最後，我還要重複地說一句：這是一本比詩還美的小品文，從形式到內容，無一不美，無一不精緻，無一不使人喜愛。

國破山河在——讀「八千里路雲和月」有感

自從莊因先生的大陸紀行系列文章在聯合報和美國世界日報登出第一篇「八千里路雲和月」以後，我便每天特別注意看副刊。他的文字富有很大的吸引力，主要原因是他家學淵源，飽讀詩書。無論他的足跡走到何處，觸景生情，他腦海裏便立卽湧出許多美麗的或凄涼的、悲壯的詩詞，引用在文章裏，是那麼恰到好處。正如在夏威夷的老友涂翔宇先生給我的信中所寫：「莊因的文章，老實說，每句都可圈可點，這眞是一部傳世之作。」

本來我們想用兩人一問一答的方式，來寫篇書評。後來，因爲翔宇在趕寫一部巨作；而我又因這兩個月來特別忙，所以只好從簡，拉雜地把我的讀後感寫點出來。

當我斷斷續續地讀到莊先生散篇大作的時候，實在每感難受。等書出來，我花了四天工夫，連讀三遍，儘管眼睛大受損害；可是書的吸引力實在太大，我無法放下。於是，上街買菜、訪友，我都把書帶在皮包裏；等車看，在車上也看，回到家，根本無所謂休息，不是做家事，便是看書。莊因這本「八千里路雲和月」可把我害苦了。他的文字像流水、像彩霞，那麼美、那麼有力，是使我愛看的一個原因，還有，他所到過的地方，都是我四、五十年前舊遊之地，我跟着他走了這許多地方，看到今日淒涼貧苦的大陸，和過去的繁榮、富足比較起來，自有無限的感想。

作者是一位熱情而富有正義感的、愛國、愛民族的學者，他的眼光銳利，觀察細微，他有顯微鏡、X光般的視力。他在上海飛機場，看到白牆上一首毛澤東的詞，那些「字跡狂野潦亂而顯露自負，極是刺眼」，於是立刻聯想到「古今中外，大凡自卑感深重的統治者，都具有剛愎、陰詐、狠毒、仇忌的錯綜性格，特別好大喜功，目中無人，不甘寂寞，於是殘民以逞。……」（頁十二）

大陸各機場整壁滿牆，都寫有毛的詩詞，而機場大廳之中，竟找不到一隻烟灰缸。

在「長安不見使人愁」中，作者將毛澤東與秦始皇比較，寫遊始皇墓時，又參差聯想到毛的每一段每一句，眞是可圈可點。

提到毛澤東，在我的讀報筆記中，有這麼一段：

「一九五八年五月八日，毛在中共人大二次會議上，洋洋自得地說：『秦始皇算什麼？他只坑了四百六十個儒。我們坑了四萬六千個儒。我們鎭反，還沒有殺掉一些反革命知識份子嗎？我與民主人士辯論過，你罵我們是秦始皇，不對！我們超過秦始皇一百倍。罵我們是秦始皇、是獨裁者，我們一貫承認；可惜的是，你們說得不夠，往往要我們加以補充。』」

又讀某雜誌陳棘蓀寫「不堪回首的知識份子災難」一文中，稱毛爲紅色暴君，作者引毛說過這樣的話：「知識越多越蠢，卑賤者最聰明，高貴者最愚蠢。」

看了這三句話，誰最聰明，誰最愚蠢，我們可想而知。毛澤東把文人劃爲臭老九，自以爲比秦始皇厲害一百倍，他沾沾自喜，洋洋得意。寫到這裏，我的血液突然沸騰起來，不能再提這死有餘辜的殺人魔王了！

作者寫他在參觀復旦大學時，會到豐子愷先生的哲嗣華瞻君，談到子愷先生在文化大革命時代所受的侮辱、折磨，使我萬分心疼、難過！記得我第一次拜讀子愷先生的漫畫集，有一幅「瞻瞻新郎官，軟軟新娘子，寶姐姐做媒人」的漫畫，很感興趣；後來拙作「從軍日記」在上海春潮書店出版時，正是華瞻爲我畫的封面，想不到如今華瞻也「滿頭蕭蕭白髮」了。唉……

記得民國三十六年子愷先生在臺灣時，我曾堅留他不要回去，他說：「我去香港小住，還要來的。」不料一去就永遠不返。這樣仁慈、有智慧、有學問，對藝術界、對國家有貢獻的藝術家，竟被剪去長髯，背上貼大字報，掛黑牌遊街，還要掃馬路、洗廁所，參加什麼三

秋勞動。（一〇九頁）

唉！可憐的子愷先生，含恨逝世到今天七年了，他的軀體雖然離開人間；但他的「護生畫集」和許多作品，將永遠永遠地傳流百世千秋。

＊　＊　＊

我曾經看過不少記敍大陸生活的文章，也聽過不知多少去 大陸探親歸來友人的所見所聞，全都是說三十多年來共產黨統治大陸的失敗，人民生活的困苦、不自由等等，這都是大家知道的事；作者曾寫友人到大陸旅行提到公共廁所和茅坑的骯髒：「那邊遠地區的廁所牆角，放着小鐵盒一個，盛放竹片石塊，用以代紙。」雖然作者這次沒有親見，但他說：「現在如何，不得而知，四化停滯，想來不會有奇蹟出現。」（頁一一〇）接着仔細地看下去，就會注意到莊先生在重慶時，描寫朋友尋找廁所的經過情形。

爲什麼我不引出作者其他的佳句，而寫出這些鷄毛蒜皮、又髒又臭的小事？這就是要說明作者觀察入微，用顯微鏡、X光來看大陸的結果。

莊因先生文章的特色，是忠實報導，絕不誇張，也不隱瞞，有什麼，寫什麼；看見什麼，說什麼。他沒有偏見，或某種政治立場，有的是以國家至上、民族至上的愛國愛民的思想。請看：

「蕩蕩神州，湛湛青空，白雲拭淨遊子心，我在天外，向中原大地致深摯的敬禮。」

「世界上沒有第二個民族，有如此寬大胸懷，把珍貴的文化，慷慨施予外人；世界上也再沒有第二個民族，有這樣悠久的歷史文化，取之不盡，用之不竭，似長江黃河，讓後代子孫做大鯨飲；有如此浩闊的幅員，供後代子孫做巨龍舞。美哉華夏！大哉中華！」（頁六〇）

* * *

本來還想多節錄一些我認爲最好的佳句；但想起翔宇說過：「莊因這本書，句句可圈可點。」還是留待讀者自己去發掘吧。不過最後，我還要介紹一下作者的思想和他的人格：「別井離鄉，八千里路雲和月。儘管人在江湖，儘管基於工作需要，入了外籍；可是自始至終，從不曾拋棄『華夏苗裔』這條老根。飲水思源，發誓死了，也不做番鬼！酒蟹居中日月長，說漢語，讀中文書刊報紙，事事關心中國，連燈下課子，也教他做個堂堂的中國人！」（頁一六）

「移山記」的主題和寫作技巧

自從讀過涂翔宇先生的「喂！松江路！」——得獎長篇小說之後，便沒有機會看到他別的作品。這次涂先生的「移山記」，在世界日報小說版連載了一百五十二天，於一九七九年八月七日圓滿結束。

從這部長篇小說開始登載的第一天起，我便下了決心，不管眼睛如何不舒服，視線怎樣模糊，也要用擴大鏡把它看完；而且把重要人物抄下來，以便有機會寫讀後感之用；因爲這不是一部普通的小說，這是一部描寫中國人的光榮，他們爲修築美國東西橫貫鐵路，犧牲了無數生命，受盡了艱難困苦，也受盡了歧視的污辱，這是一部發揚我黃帝子孫在海外創業刻苦耐勞的精神，用他們的血汗，寫下了華工在美國不可磨滅的功績，華工的偉大犧牲精神，和他們的偉績，也正是我中華民族歷史上最光輝的一頁。

這樣一部富有歷史意義，富有時代價值的小說，我怎能等閒視之呢？

一、本文的主題

大家都知道，主題是一篇或一部作品的靈魂，它代表作者的思想、道德、人格，也代表他的人生觀，現在我們來研究作者寫這部移山記的動機和主題。

華工建築了第一條橫貫美國東西的鐵路，奠定了美國政治統一經濟發展的基礎；可是他們當時受盡了剝削與歧視，人命犧牲的特別多，至今這一血汗貢獻，仍未進入美國的歷史殿堂；可惜華工的歡笑哀愁，傷心憤慨，沒有留下任何記錄，甚至連他們的眞正姓名，今天一個都不知道。

這一段可歌可泣，光輝燦爛的修路工程，應該在歷史上給予應有的地位；尤其在這動盪不安的世局中，爲了促進中美兩大民族的了解，與友誼的增進，以及鼓舞海內外同胞莊敬自強的精神，「移山記」便產生了。

作者以歷史的故事，賦予新的生命，使它具有時代意義。讀完整部小說，我們可以看出涂翔宇先生搜集的材料，是非常豐富的，美國修築中央太平洋鐵路，從籌備到完成，在這部小說裏，作了最忠實、最生動的敍述，可以當作一部「美國東西橫貫公路演義」來讀。

「移山記」，以華工修路的豐功偉績爲經，而以華人移民美國的早期奮鬥血淚歷史爲緯，交錯編織而成，可以當作一部「華人移民奮鬥史」來讀。

歷來有許多外國人，以中國的人和事來寫作，總跳不出「辱華」的圈子，近年來也有少數中國人，自己來寫中國人，也是「自辱」和悲觀消極者多。「移山記」裏面，所描寫的中國人，他們站穩了脚，挺起胸膛，抬起頭，堂堂正正，大有「富貴不能淫，貧賤不能移，威武不能屈」的氣概；在我看來，這眞是一部爲中國人揚眉吐氣的小說。

本書的主題，簡單地說，就是發揮了「桃園結義」的精神，發揚了中國人堅忍耐勞，不屈不撓，博愛爲懷，捨己救人，大公無私的仁愛精神。

二、本書的寫作技巧

也許有人以爲這是一部描寫修鐵路工人生活的小說，不如武俠小說或戀愛小說的有趣。由於作者有高深的文學素養，有活潑精密的描寫技巧，又善於運用每個人物的口語，讀他們的對話，不但如聞其聲，而且如見其人。例如作者寫親情、友情、鄉情、兒女情，交錯進行，互爲影響；寫兒女之私情，雖然着墨不多，而處處見眞情，使讀者感動，扣人心絃。

修築鐵路時，華工人數最多時曾達一萬餘人，他們多半是來自農村的子弟，有的甚至目不識丁，又未經過訓練，完全不懂英文，他們如何能適應那艱難的環境，完成偉大的任務？

這決不是偶然的，他們憑着什麼，才能萬眾一心，團結一致？在小說中，提出了答案，因為他們是中國人，他們有一個堅強的領導中心！

在一萬多華工之中，那種「親愛精誠」的精神，白人是無法了解的。他們縱然有時也會吵吵鬧鬧；可是從未發生一件違法犯規的事，他們之中，有的是奮不顧身，前仆後繼，視死如歸的勇士，決無一逃避困難，推卸責任的懦夫，更絕對沒有一個逃兵！他們不怕工程的艱困，氣候的炎熱、寒冷，也不受利誘，當聯合公司用高價向他們挖角時，華工不為所動。

在華工營，還有一座行動廟宇，在他們的生活最艱苦時，自己忍饑挨餓，而神前之燈常明，香烟不絕。當天寒地凍，大雪封山，糧食斷絕，他們寧可吃牲畜的飼料燕麥充饑，而將凍斃的騾馬一一掩埋。這是何等崇高的宗教情操！何等偉大的博愛精神！

還有，華工們眞正地發揚了中國的優良傳統，不但表現在生活上、品德上；而且表現在工作上：他們師古法而創新意，化腐朽為神奇。例如：利用槓桿原理，使鐵軌彎曲成型，創作吊籃，切剖懸崖。在化學專家精神崩潰之際，他們以大仁、大智、大勇的精神巧配炸藥，他們曾以雪制雪，用石防石，及用滑梯運木等精心傑作，無一不使專家嘆服。

修成這條鐵路，究竟一共死了多少華工？公私文字都沒有記載，他們個人未能靑史留名；但所幸留下了一個共同的名字——中國人！

呵！多麼光榮偉大的中國人！

這麼多華工，沒有留下姓名，也不知道他們的屍體埋葬何處？他們將姓名和生命，奉獻給鐵路，奉獻給美國，也奉獻給人類和上天。

「通過高峯」是華工移山的不朽傑作，大地的桂冠，應該戴在華工頭上。

華工的種種事蹟，傳到加州：冰雪中的捨命前進，高峯上的奮勇開拓，每一節的鐵軌下面，都埋葬着華工的英靈，每一塊閃亮的山石，都是無名英雄的墓碑！

以上種種描寫，都是作者高明的技巧表現。

當中央太平洋鐵路公司的華工，成爲加州人民心目中英雄的時候，誰也知道這是中國人付出生命的最大代價，才獲得這樣的光榮。

回想在鐵路修築過程中，他們曾經不知遭遇過多少困難，被人譏笑爲「愛麗絲鐵路」，只能夢遊；又被稱爲「爬行鐵路公司」，靠着華工的羣策羣力，終於將這條鐵路修通，得到總工程師克魯格的激賞。他在一八六九年四月二十八日凌晨，十哩鋪軌大賽之前，集合全體參加大賽的華工，作了一次最精彩的致詞：

「你們會相信自己，我相信你們。現在全國和全世界，都會相信你們。

那就是，沒有任何艱難，能限制你們的向前，沒有任何阻擋，能困倒你們的奮鬥！

我感謝你們，過去每一天對我的効忠，沒有讓我失望。今天我們向這他媽的最後一段路程全力進攻，教那些鐵路線上的大亨們，看淸楚我們的鐵路，是怎樣鋪成的。」

＊　＊　＊

以上拉雜地寫了許多，可說是我的讀後感想，也可以說是我的一點心得。用不着我多說，無疑義地，這部「移山記」是百分之百的寫實小說，它是傑出的、偉大的、不可多見的小說；因爲書中的人物，是偉大的中國人，每一位讀過這部小說的人，都會感到作一個中國人的光榮！

在二十二章的最後兩句：

「在黑夜裏，守望着天明。」

這就是作者畫龍點睛的技巧，也代表他的心血結晶。現在全世界的人類，都在遭遇空前的大劫，不正是「在黑夜裏，期待着天明嗎」？

一九七九年九月十二日完稿於舊金山

我讀「散文寫作與欣賞」

記得兩年前，一位讀者朋友李雯小姐，爲我剪來青年戰士報上一篇文章——「女兵作家謝冰瑩」，作者是雪茵。

拜讀之後，我感到慚愧極了，馬上寫了兩封信：一封向李小姐致謝，一封給雪茵，我很難爲情地在向她道謝之餘，怪她太捧我了，我說她一定會挨罵的。

其實，我是個既無天才，又沒有時間給我下苦功，學習寫作的笨人。我寫文章，大半都是興之所至，草率而成的急就章，實在不能登大雅之堂；只因承朋友的謬愛，鼓勵多於批評，使我在感激慚愧之餘，不能不努力筆耕，以答謝大家的雅意與厚望。

* * *

去年，我將雪茵這本「散文寫作與欣賞」讀過之後，就想寫篇文章，把我的讀後感想和心得寫出來，只是不敢下筆。爲什麼？老實說：害怕有人笑我們互相標榜，假若她沒有把我寫在裏面，我倒眞的可以大捧特捧一場，如今我眞有許多顧忌；可是今年當我有時間重讀一遍本書，覺得再不寫幾句話介紹一下，太不像話，也太對不起自己的良心了。

＊　＊　＊

本書共分三輯：第一輯，收集八篇有關散文理論的文章，第二輯，「散文欣賞」，介紹了葉蘋女士等十五位女作家，及季薇、鳳兮、宣建人先生等三位男作家；第三輯，「我寫散文的心得」，由作者從事寫作開始，然後說到抒情、敍事、書信、遊記、隨筆，各種體裁的寫法，每種都舉例說明；最後是詩詞研究，舉的例子是「讀元曲兼論樂歌」，「鄭板橋的詩和詞。」

光只看了目錄，就使你非讀全書不可！爲什麼她有這麼大的吸引力呢？因爲這不是一部普通的書，而是經過作者花了不少時間，不少心血，寫出來的精心之作。

作者是很懂得心理學的，不，應該說，她對心理學特別有研究。想要向青年讀者談散文創作理論，比較空洞，不容易被接受，不如舉出散文例子來分析每位作家的思想、結構和描寫及技巧，收效來得大。我佩服作者能將各位男女作家的作品，研究得這麼精細、透徹；如果她不把精神集中在閱讀這些作品裏，她的研究心得，如何能寫出來？她用這個一面介紹，一面分析、批評的方法，引導讀者進入散文的花園，讓他們盡量欣賞各人自己喜愛的鮮花，這方法太好了，太妙了！

「你知道我花在這方面的時間有多少？我光只看每位作家的一本書，是絕對不够的，我要看好幾本，要了解作家的思想，人生觀，寫作的過程技巧；同時，還有一個大困難，要寫的作家太多，限於篇幅，我不能每人都寫，只能舉幾個例子。」

有一次雪茵和我談起她寫本書的艱辛。

「你已經够週到了，沒有介紹文章的人，你都一一地寫出了作者的大名。本來，寫這種文章是很難討好的，寫得太好，別人要批評你在捧場；寫得不好，自然會得罪人，當然你也不會寫的。我佩服你，除了寫我的那篇不應該這麼過獎以外，其他的都恰到好處，特別是你寫自己的散文心得，實在太好了！」

這是我出自內心的肺腑之言，絕不是捧她的話；更不是因爲她是我的老朋友，而互相標榜，我寫此文時，完全把她當作陌生人，只就作品論作品。

對於文學思潮的看法，我完全和雪茵一樣，絕對沒有成見。我們都認爲文學沒有新舊之分，只有好壞之別。我很奇怪，爲什麼有人要反傳統？要知道傳統文學與藝術，是我們中國文化的「根」，沒有「根」，那裏來的「樹幹」，「樹枝」，「樹葉」？更那兒來的「花」，那兒來的「果」呢？同時，我也奇怪，爲什麼有些固執的老先生，他們到如今還在反對新文藝，反對新詩，反對白話；甚至說，大陸上的共產黨，都是搞白話文的人培養起來的，眞是令人笑掉大牙。

對不起，我扯到題外去了，現在再回到本文。

雪茵的文思，是非常敏捷的，不論作詩寫文，她都能倚馬可待。因爲她有舊文學的根柢，所以不論詩、詞、文言、白話，都能得心應手，寫來深刻感人。

＊　＊　＊

無疑義地，這是一本雪茵的精心傑作，書中連她自己，介紹了十九位作家，除我之外，都是在文壇上有成就的作家。青年朋友們，只要讀到這本「散文寫作與欣賞」，等於吸收了這些作家筆下的精華，也了解了別人是怎樣創作成功的。作者的大舅教他作詩：「要自創意境，注入感情，賦予生命；不要堆砌典故，不要雕刻。」這正像季薇在「散文研究」裏說的：

「不必光去裝飾美麗的詞藻，珠光寶氣，像個暴發戶；先從樸素中，求一種踏實而持久的美。」又說：「存眞、率眞，對於散文寫作來說，是非常重要的；一切以眞面目示人，才能眞正動人感人。」

够了，我不應再作文抄公了，用不着我多說，讀者諸君，也許早就讀過這本書了，現在我就使用作者的話，來結束本文吧。

「人都希望冬天過去有春天，我們更希望春天能揚帆歸去。人都應該忘記過去，不必惓懷過去的悲歡離合，苦惱自己。人都應該創造光明的未來，因爲國土未復，家仇未了。」

六八年一月十五夜寫於金山

我愛圖書館

從我進小學開始，就愛上了圖書館，和它結下了不解之緣，到如今，我越來越不能離開它；可惜我成了三條腿的人，去圖書館的機會少；而我每次收到朋友寄來的書籍，雜誌，或者我買的書，看過之後，腦海裏第一個念頭便是：送給圖書館。

記得是六年前，我在金巴侖學校當老學生，第一次看到跑華街有個中文圖書館，眞比哥侖布發現美洲還要高興。從此，下課之後，我常常去看書，看雜誌，還領了一個借書證，曾經在那裏寫過信，寫過散文和一篇未完成的小說。

凡是愛看書的人，沒有不喜歡圖書館的；尤其那些研究學問的人，更是一天也離不開圖書館。原因很簡單：圖書館，是一切知識的寶藏，不論是文學的、哲學的、科學的、教育的、宗教的……應有盡有。

當你走進圖書館的時候，一種特別肅靜的氣氛，使你不知不覺地感到安靜起來，你不想說話，更不希望遇到熟人來打擾你，只願趕快找到你最需要最愛看的書，坐下來，靜靜地默讀；有時，你看到優美的詞句，你像熱天吃冰淇淋似的，恨不得一口把它吞下來。朋友，請你不要着急，越是好書，你越要慢慢地咀嚼，慢慢地欣賞，這時，你也許早已準備小記事本和一支筆了。

我相信每一個人，從讀小學開始，紙與筆，是每天上學不離身的。一個人的知識學問，都是一點一滴地搜集起來的，我們的腦子，沒法記得那麼多，所以必需靠我們利用筆記。

圖書館不但環境幽靜，可以利用它讀書寫作，預備功課，演算習題；主要的，它有一種學術的氣氛。一走進圖書館，使你的腦筋，忽然清醒起來，忘記了一切的俗念，充滿了想要用功研究的思想；於是你很耐心地去尋所需要的參考資料。目的達到了，那時的快樂，眞不能以言語文字形容。

圖書館是一切報紙、雜誌集中的地方；如果想要增廣見聞，了解國家世界大事，知道各國的風俗人情，除了圖書館，能滿足你的慾望外，絕沒有第二個地方，能使你達到目的。

寫到這裏，我忽然想起一件令我萬分難過的事來：

一九七五年的秋天，當我們遷居聖母大厦的時候，起初我最喜歡從我們的客廳和寢室裏，可以望見太平洋海灣和金門大橋；後來不久，四樓大客廳裏，除了沙發桌椅之外，還擺了兩個木製書架，一共有三層，下面的還有兩扇小門，可以開關，我高興極了！連忙把我所存的那些文學的、佛教的、婦女的以及光華畫報之類三十多種雜誌，分放中下兩層，其中傳記文學、文壇、新文藝、時事週報……等都是全份的，最高一層，可放兩百多本書，一下就把書架擺滿了。不久，隔壁的書架，也被洋鄰居的西文書和雜誌，斜放了大半個書架，這時大家都有書看，眞是皆大歡喜；只是我丟了好幾本書，出小佈告幾次，仍然找不回來，想到偸書是雅賊，反正找不到人，只好忍痛犧牲了！

今年春天，不知是否經理心血來潮，突然換了新的、漂亮的沙發，書架也換了三個很高的藤書架，我那些書和雜誌，到那裏去了呢？問誰，都搖頭說：「不知道！」問經理，她說在儲藏室，我急於要找回我失踪的書和雜誌；可是儲藏室的鑰匙，不知在誰的手裏。有一天，儲藏室的門打開了，我進去一看，我的老天！書不見了！雜誌零亂地擺滿了一地，這時我又傷心又氣憤，忍不住流下淚來，一直到今天，我無法尋回我的書刊。

世界日報的名記者王家政先生，曾來訪問過我，也曾寫到我的小小圖書「架」；如今客廳裏擺了三個高高的空書架，連一份報紙，一本雜誌也沒有，看起來眞令我傷心。今夜，我花幾百字的篇幅，記述這件事，也許讓愛書的朋友，替我分擔一點難過，我也就得到一些同情的安慰，從此不再提這件事了。

＊　　＊　　＊

我曾經利用圖書館，做我培養讀書寫作的溫床，它給與我的幫助，實在太大了！來美後，我得感謝史丹佛大學的圖書館，保存了拙作三十六本（這是十年前，副館長曾憲琳先生寄給我的目錄副本，聽說現在又增加了好幾本。）承師大校友王明生女士，爲我借到十本，四、五十年前出版的拙作，我一本也沒有了，借來複印之後，才把「抗戰日記」編成，在臺北東大圖書公司出版；我還要感謝郭丕洵先生和他夫人朱家燦女士及女公子令貽小姐，他們在波士頓參觀哈佛燕京圖書館時，發現該館藏有拙作四十二本，高興得了不得，於是他們三位把這些書排列起來，照了好幾張相送給我，其中那本「在日本獄中」，是我用生命換來的寶貴材料，在華山養病時完成的，曾經換過三十個出版公司，如今我連一本也沒有了，正在到處尋找它的踪影，眞是「踏破鐵鞋無覓處，得來全不費功夫」。承哈佛大學畢業的一位青年朋友（猶太人），爲我複印一份寄來，實在太感謝他了。

我永遠不會忘記以上這幾位朋友對我的關懷和幫助，在我有生之年，只要不病倒，我還要從事筆耕的，這是我的興趣，也是我的責任。

無聲的老師——「大辭典」

五、六十年來，我從工具書中，獲益最大的是「辭海」。這位「老師」，無所不知；而且隨你如何麻煩它，從不生氣，因此成了我的最佳伴侶。自從我開始當老師的時候，我幾乎一天也離不開它；然而自從今年春天，我收到「大辭典」以後，似乎對那位老友疏遠許多，這並不是我喜新厭舊，而是大辭典的確「大」，有它的美和各種特點在吸引我，使我喜歡。

東漢許愼的「說文解字」，共收九、三五三個字；宋朝陳彭年的「廣韻」，收了二六、一九四個字；清朝張玉書等所編的「康熙字典」，收了四九、〇三〇個字；可惜其中偏僻廢舊的字很多；而且錯誤也有四千多條。（見辭海序）現在最常見的辭海，收了一二、〇〇〇多字，詞有十萬多條。再看三民書局印行，由邱燮友等一百多位所編的「大辭典」，一共收了一五、一〇六個字，一二七、四三〇條詞，只從這些數字看來，它眞稱得起是一本「大」辭典。據說辭海印刷時，加製了新的銅模八千多個，今日已經是「羣制變遷，事物滋長」，

「大辭典」中，包括許多新字、新詞和音標，因此新製了銅模六萬餘，總計用鉛七十噸，動員百餘人，歷時十四年，主其事者有這麼大的魄力，所有工作同仁，能同心協力，善終其事，這眞是一件中華文化中的偉大成就！當我們改用這三冊大辭典以來，發現了許多特點，紙張的顏色，是那麼美，那麼柔和，眼睛一接觸到它，就感覺舒服。最重要的是：有下面各種特點：

一、編排適度——「大辭典」採取由左而右橫排，是一次很大的突破，這並非一種創見，在湖南祁陽顏眞卿所寫的「大唐中興頌碑」就是由左而右，但非蟹行，而是直排。「大辭典」爲了便利注音、數字，及右行外文，橫排是最高明的。過去最怕橫排數字及右行外文雜列在由右而左的文字裏。讀起來，視線需左右掃動，費時費力。現在一律由左而右，便利很多。

大辭典每頁分三欄，每欄寬度不及五公分，與一般英文報紙每欄的寬度相同，正合於速讀法的原則，視線不必因每行太長而左右掃動。

二、字體精美——全書除單字及解題外，均用六號字排印，因各行間隔比例較大，並無擁擠混淆之感，所有挿圖，也比其他辭書較多，而且非常清晰。

三、檢查便利——一般辭書的頁數、部、畫、及字標，都列在頁旁，而「大辭典」卻列在每頁的上角，檢查時，可用食指和中指交替掀起上角，便能快速找字，這是用洋紙印書的特色。線裝書用軟紙印刷，翻頁的時候，都用右手的食指和中指將頁下角掀起，才能翻頁；甚至有時還要沾點口水，才能折起，費時費力，又不衞生。所有英文字典，都是把頁數及字標，印在每頁的上面，「大辭典」採取了英文字典之長，嘉惠讀者，眞是功德無量。

四、注音完備——各字的注音，分別用國語注音符號，及國語注音第二式，還有威蓋式音標、切語，直音和詩韻。這樣，可以便利熟悉各種不同音標的讀者，不用另查音標對照表。

五、排列有序——單字的排列，固然需要按照部首，詞的排列，除了按字數多寡外，再以第一字筆畫爲序，筆畫相同時，就按照「永」字八法爲序，這也是「大辭典」獨到的地方。

六、注解易懂——近代的學子，對於文言文，雖然不會視爲畏途；但未免有些感到費解之處。大辭典如果用「五四」以來倡導的語體文，一定增加很多頁數，因此編者，爲適用時代的需要，採用簡潔流利的文言文，這也是大辭典的一大優點。

最後，我相信大辭典的讀者，除了我上面說的六個特點之外，還會在這部史無前例的辭書裏，發現更多的特色。

一九八六年九月二十五日於金山

我爲什麼要再版「冰瑩書柬」？

這本十五萬多字的小書，自從民國六十四年九月，由臺北「力行書局」出版，到今年快九年了，我到前兩天，才從頭至尾，仔細讀了一遍，改正了一些不妥的地方，加上年次。

力行書局的校對先生，是很負責的，在最後的空白頁上，附了一張勘誤表，我從來沒有對過，這是我個人最不好的習慣，每出版一本新書，除了在付印前，做最後一次校對外，就不再看它了；有幾種，我連自己一本沒有保存，也不在乎；其實，這是不應該的，正如雪林姐說的：「我們用心血寫的作品，不管好壞，好像自己生的孩子，不應該出版了就遺棄它。」

父母對於自己生的孩子，不管他怎樣長得醜，或者如何對自己不好，總是疼他、愛他的。

因此從現在開始，我出了新書，一定要仔細讀一遍，然後改正錯誤。

＊　＊　＊

前面提到年次，這是普通一般寫信或寫文章，筆者忽略的地方，多半只寫月、日，不寫「年」，也有少數，連月、日都不寫的。（可能匆忙中，他忘了，不是有意的。）我最佩服柳亞子、孫伏園、林語堂、胡適之四位先生，他們給我的每封回信，一定有年、月、日的。

民國三十七年，由北平來到臺灣，在省立師範學院教書，（卽今國立臺灣師大的前身）第一個認識的最好朋友張荃，她在馬來亞吉隆坡尊孔中學教書時，給我的幾十封信，至今我爲她保存。她是活活地被丈夫氣死的，邢廣生、陳淑貞兩位女士也是張荃的好朋友，幾次問我：

「你爲什麼不寫篇文章紀念張荃？」

我回答她們：

「不但要寫文章；而且想發表她的遺書；但信上只有月、日，沒有「年」，不知何者爲先，何者爲後，我無法編輯；而且一看到她的筆跡，我就傷心流淚，寫起文章來時，還不知要哭多久？」

這是實話，本年春天，接廣生來信說：

「今年清明節，我照往年一樣，去張荃墓上獻花弔祭，居然發現已有一束鮮花揷在那兒，我想一定是那一位她的學生送的，沒有良心的陳某，他早就忘記了張荃，絕不會去掃墓的！」

每次我們通信，總要提一提張荃。

* * *

親愛的讀者朋友，我又說了些題外的話，恕我就誤了你們寶貴的時間。

現在再談有關「書柬」的事。

我讀完了這本集子，做了一個簡單的統計：

一、提出關於「讀書」問題討論的，共二十五封；關於「寫作」的，三十四封，其他有關「宗教」、「作人」、「出家」、「吃素」等問題的，二十九封。（共八十八封）。

這是就讀者來函中，由師大教授黃麗貞女士挑選出來的，其他那些問題完全相同的，還有幾十封，就沒有發表了。儘管經過選擇，他們詢問，與我回答的，仍有許多重複，這次沒有時間刪改，只好請大家原諒了。

二、「慈航季刊」，（由乘如法師主編）從五十二年出版，到六十年停刊，共出了九年，信箱維持了八年多。在文字裏面，所提到的清和姑（慈航季刊的創辦人兼發行人）與林語堂、孫伏園兩位先生，都已離開人間，使我感到萬分悲哀！

三、本書是我自動想要再版的，我要去信徵求樂崇輝居士的同意，如果在經濟方面他有什麼困難的話，有幾位朋友願意幫忙；我自己也情願拿出一點稿費或版稅出來，不忍使它絕版。

四、因爲這是一本有關佛教的書，誰都可以再版；但請來信通知我，取得同意才行。

五、本書在力行書局出版發行，我從來沒有拿過分文版費或稿費，版權雖然歸我所有；但「力行」還可以繼續出版的。

六、在讀者朋友中，有十幾位送過我相片，也希望我回一張的。非常抱歉，我並沒有履行諾言，如果他們能夠看到我這篇拙作，來信告訴我大名和地址，我一定把我的近照，送給他們一張，以做十餘年前，我們通信的紀念。

最後，謝謝麗貞爲我辛辛苦苦地整理本書，還寫了「書後」；力行書局的老闆陶承章先生雖已作古；可是陶夫人和他的公子小姐們，仍然在繼續努力發揚中華文化，在此，我特別向他們致謝。

七三年（一九八四年）五月二十一日於 Fargo

寫國文筆記的方法

許多人都說：青年學生的國文程度大有一年不如一年的趨勢。何以見得呢？我曾遇到過不少教國文的同行，問起學生的國文程度來，都搖頭歎息地說：「不行！不行！一年不如一年了！」

這的確是一個很普遍的現象，自小學到中學這一階段，青少年們，一回到家裏，便伏在案上做算術，讀英文，默寫生字。他們以爲國文最容易，「我都看得懂，所以不必念。」

這並不是中學生的看法，大學生也一樣，大家都以爲國文太容易，用不着特別用功，自然會通的。僅僅爲了這一種錯誤的想法，以致使國文程度一落千丈，說起來眞痛心！

不重視國文，是使國文程度低落的一個大原因，還有第二個原因，是讀國文時，懶得作筆記，不高興練習翻譯，現在我且分別談一談。

許多人不重視筆記

何以證明讀國文的人不喜歡寫筆記呢？當我還在中學求學的時候，就看見許多同班同學不高興寫筆記。老師在黑板上把難懂的詞句，或者典故寫出來，她們高興時，就在講義的旁邊寫一下；有時注解太多，沒有地方可寫了，就乾脆置之不理。等到月考的時候，她們借我的國文筆記看，因爲我記得非常詳細；可是字跡太潦草，只有我自己認識，她們罵我是鬼畫符，只好改借黃淑坤同學的；她的字寫得最規矩，又美觀，又乾淨，在我們班上，算她的筆記寫得最好。

二十多年來，我從中學教到大學，每個學期終了，我總要檢查一次學生的國文筆記，其中有少數是記了的，而且記得很清楚，很詳細，有時連我說的都記下了；也有的人，根本就不用筆記本，就像我的懶同學一樣，在講義旁邊，把讀音和字義注一下；至於全篇與每段大意，以及典故之類，就因怕麻煩，索性不寫了。試問，學習國文，連筆記都懶得寫的人，還希望有進步嗎？「不進則退」，這又是鐵一般的事實，因此我說國文程度低落的第二個原因，是學生懶得寫國文筆記。此外，還有學校當局不注重國文，教師教得不好，在小學時，國文基礎沒有打好，以及本身對國文認識不清……許多原因，不屬本文範圍，所以從略。

現在，我來談談究竟國文筆記應該如何寫才好呢？其實這是一個最簡單的問題。從讀小學開始，老師就教給我們寫了，難道讀了十幾年的國文，連筆記也不會寫嗎？我之所以在此特別提出這問題來談，一來是奉編者之命，二來爲了一部分自修的青年朋友，所以把我的一點小經驗寫出來，供大家參考，請多多指教。

記筆記的幾個條件

寫筆記的第一步，自然是在篇名之下寫上作者的名字，其次寫作者的生平。在一般中學國文課本上，作者生平和一部分難懂的字義、詞句，以及典故，編者都替你們解答了，只消翻看一下就可以知道；然而還有許多生字不了解，必須親自查辭典。有些作者的事略寫得太簡單，我們如果在別處看到有關這位作者生平的文章，馬上抄下來，做爲將來研究這位作家的補充材料；其次，再寫明文體的性質和全文的大意。如果是在校的學生，國文老師多半首先就把全篇大意說了，所以很容易了解，只要你綜合他的意思記一下便成。如果你是個完全自修的青年，那麼全篇大意，要等你讀完之後，徹底明白了才能寫它。

接着大意後面的，是生字注釋和每一段的大意。生字注釋，是一件最麻煩的工作，往往一個字，或者一個詞有好幾種、甚至十幾種不同的解釋，自學的青年朋友，往往爲查辭典而感到煩惱。讀了傅紅蓼先生「怎樣衝過自修難關」的大作，知道劉定元君就感到查辭典不得要領的苦惱。在我初讀國文時，也曾感到同樣的難題，但我從不灰心；我喜歡挖根究底，我喜歡懷疑，常常別人解釋的，我也要想一想，究竟他的解釋對嗎？例如，我們讀木蘭辭，開頭一句，便是「唧唧復唧唧，木蘭當戶織」，有人翻譯「唧唧」兩字，是木蘭歎氣的聲音，有人說是織布的聲音，有人說是秋蟲叫的聲音；如果是歎氣的聲音，織布時，響聲很大，我們如何聽得到呢？況且下面接着便說明了「不聞機杼聲，唯聞女歎息」，可見木蘭沒有心思織布了，才停下來歎息。那麼「唧唧」兩字，當作秋蟲在叫，或者織布的聲音講較佳，而查辭源，明明是秋蟲或小鳥的叫聲和歎息聲，沒有織布的聲音這一解釋。我記得幼時，先父教我讀這課書的時候，唧唧兩字是解釋爲「當秋蟲唧唧的晚上，木蘭在房中織布。」一直到現在，我還認爲這一說比較可靠，也比較美，不知高明之士以爲如何？我希望提出來和大家研究。

注釋生字的方法，自然是在不懂的字或詞句下面，注上⑴⑵⑶……等數目字，然後按照秩序去查明解答。讀國文的時候，先從頭至尾多看幾遍，把不懂的字句寫下來；翻查辭典時，千萬不要單看生字的解釋，一定要同時對照文章。有時找了很久才找到這個字，下面又注明要你看××條，這時你心裏一定又着急，又生氣；還有些時候，往往爲一個字查邑部也查不出，查阜部也查不出，那就只好查檢字。若是爲了怕麻煩，怕躭誤時間，而不去查辭典，找參考書看的人，這人永遠讀不成書，也永遠不會有成功的一天。

寫筆記，第一，要有條理，不要省紙，寧可多寫幾本，不要寫得太擠；第二，字跡不要潦草。我是個缺乏條理、字跡潦草的人，所以我奉勸青年朋友不要蹈我的覆轍，以免受苦，現在我舉一個短例在後面，說明寫筆記和翻譯的方法：

「發政施仁」——孟子

齊宣王（一）問曰：「齊桓（二）晉文（三）之事，可得聞乎？」孟子對曰：「仲尼（四）之徒，無道桓、文之事者，是以後世無傳焉，臣（五）未之聞也；無已，則王（六）乎？」

孟子傳略——孟子名軻，字子輿，戰國時鄒國人（在今山東省鄒縣東南），生於周烈王四年（紀元前三七二年），死於周赧王二十六年（紀元前二八九年）。父早歿，他的母親很賢慧，曾三遷其居，以教育孟子。年長，受業於子思的門徒，學成後，遊歷梁、齊、宋、魯、滕等國，希望遇到賢明的君主，好發展他的才能；但當時各國諸侯，都想用武力自衛，而且想侵略別人，認爲孟子的王道主張不合潮流，不切實際需要，因此他到處碰壁。孟子看他的主張不能施行，只好帶着他的學生萬章、公孫丑，序詩書，作孟子七篇（一說十一篇，加外書四篇：⑴性善⑵辨文⑶說孝經⑷爲政。以上四書久佚，僅存七篇），闡揚孔子的學說。宋神宗元豐年間，追封爲鄒國公，配享孔廟；元朝至順年間，加封亞聖。

【詞句解釋】

（一）齊宣王——戰國時候齊國的君主，姓田，名辟彊。

（二）齊桓公——春秋時候齊國的君主，姓姜，名小白，與晉文公、秦穆公、宋襄公、楚莊王，合稱五霸。

（三）晉文公——春秋時候晉國的君主，姓姬，名重耳，爲五霸之一。

（四）仲尼——孔子字仲尼。

（五）臣——孟子自稱。

（六）王——指以王道治天下而言。孟子主張行王道，施仁政，愛護民衆。王道與時君所喜愛的以武力統治天下的霸道相反。此處「王」字做動詞用，應讀「ㄨㄤˋ」。

【段落大意】

第一段——寫齊宣王問孟子關於齊桓公的霸業，孟子不屑於說，就和他開始談王道的事情。

【全文大意】

本篇是孟子和齊宣王的對話，他勸齊宣王實行王道，如做到「老吾老以及人之老，幼吾幼以及人之幼」，那麼，天下可運於掌；他還提倡勞動生產，分配要合理化，最要緊的是愛護百姓，施行仁政，使百姓豐衣足食，過着安樂的日子。這樣，就可以王天下了。

【譯文】

齊宣王問孟子道：「齊桓公和晉文公的霸業，你可以說給我聽聽嗎？」孟子回答說：「孔子的信徒，沒有研究齊桓公、晉文公的霸道的，所以沒流傳到後世，我也沒有聽說過；您如果一定要問，我可以和您談談王道嗎？」

這是一個極簡單的例子，舉一反三，我相信聰明的讀者，比我還要解釋得詳細，翻譯得流利的。讀古文文選，或者四書五經，我以為能夠把每篇讀過的都譯成白話文，這是最能使作文進步的唯一方法；同時還要多寫讀後的感想，如有一字一句意思不太明白，千萬不要「不求甚解」，囫圇吞棗，須要仔細研究，直到完全明白了爲止。

筆記，我相信誰也會寫，只是最大的難關，還在有沒有毅力？有沒有恆心？能不能把筆記寫得整整齊齊、乾乾淨淨，使人一目了然。

最後，我希望每個研究國文的青年朋友，都要寫筆記，寫得越詳細越好。無論那種學問，都是這麼一點一滴打好基礎的。讀國文的人不要忽視筆記，如有自作聰明的人，以爲只有記憶力很差或者很笨的人才寫筆記，那麼他就被聰明所誤了！

七〇年（一九八一）四月十五日修改於金山

怎樣寫長篇小說大綱

幾句開場白

說來太慚愧，二十九年前寫的「碧瑤之戀」大綱，到今年才發表，實在難爲情！其中原因，非常簡單，這篇文章，連同「伏老在長沙」等幾篇散文，都壓在我的寫作資料裏，直到去年春天，爲了要寫易君左先生和董作賓先生的介紹，才在袋了裏發掘出來的。我的字素來「是世界上最奇醜的」（先三兄評語），加之太草，怕寄到什麼刊物去，編者先生看了，一定頭痛；而手民先生檢字排版的時候，不知要錯誤多少，於是特請好友陳雪英女士，花去寶貴的時間，爲我重抄一遍，我看過之後，發現有不妥的地方，於是再修改一遍。

老實說，放在「寫作」袋裏一年多，我又忘記了這篇過時的文章。

今天收到秦貴修校友來信，告訴我一個可喜可賀的消息：臺中市有一個完全屬於中學生創作的園地「中市青年」，對象是臺中市的高中和國中學生，這是救國團臺中市團委會主辦的，由秦貴修先生負責主編，他想闢一個「我的創作經驗」專欄，承他的盛意，最早光顧到我了；猶豫了很久，將他的信連看了三遍，最後，我決定獻醜！

在我國的京戲裏面，最先出場的是跑龍套的，最好的戲在後頭，後上臺的是主角，這篇拙作，就算是拋磚引玉，其他的話，寫在給貴修的信裏。

七十三年七月二十三日夜於金山

「碧珞之戀」大綱

字數：約十六萬字。

形式：用第三人稱寫的長篇小說。

社會背景：以菲律賓、香港、大陸、與臺灣爲背景。

時代背景：現代。

題材：以旅居菲律賓的青年僑生爲題材。他們裏面，有各種不同的人物：有受過家庭良好教育，熱愛祖國，意志堅強，不屈不撓的；有整天醉生夢死，只知道玩樂的；有嚮往大陸的；有徘徊岐路，整天苦悶，唉聲嘆氣的；也有絕對不談政治，只顧拚命賺錢的；還有一種人，腦子裏充滿了美麗的幻想，又不敢面對現實，旣沒有勇氣參加革命，又不能吃苦耐勞從事生產的：讀書研究嗎？他們嫌麻煩，怕傷腦筋；不讀嗎？又怕思想落伍，趕不上時代；因此整天沉浸在苦海裏。本文描寫他們的日常生活，家庭生活，戀愛生活，學校生活，以及他們的思想，和對於國家世界的看法。

主題：敍述在這個大時代中，青年們的苦悶，和他們的出路問題。用許多眞實的故事，寫出那些來到自由中國的僑生，是如何地自由快樂，能安心求學；而那些被共產黨的花言巧語，騙回大陸去的青年，卻過着不自由、被奴役的生活。

本文主旨，在透過優美的文學形式，使僑生看了，知所選擇；但絕不是用說教的口吻，使讀者懷疑這是宣傳品而非事實。

重要人物簡介：

陳克強——愛國青年，福建厦門人，二十三歲。畢業中正中學，思想正確，意志堅強。

陳國忠——（克強父），爲一愛國華僑，開設一小雜貨舖。

陳阿妹——（克強母），慈善、勤勞、賢淑、篤信佛教。

陳小梅、陳又梅、陳三梅——（克強的三個妹妹），天眞，善良，就讀聖公會中學。

楊淑美——（克強女友），本爲一純潔女性，惜經不起物質的誘惑，中途改變思想，暫與克強疏遠，喜歡與黃約希、林梅琍來往。

黃約希——左傾青年，肄業於菲律賓大學，負責聯絡僑生赴大陸求學事。

林梅琍——黃約希女友，與小梅、淑美同學，均肄業於聖公會中學，負責聯絡女同學赴大陸事。

林　母——梅琍姑媽。

王明華——陳克強的同學。

江老師——曙光小學教員。

故事提要：

陳克強與楊淑美，是曙光小學同班同學，青梅竹馬，兩小無猜；後來克強進了中正中學，淑美入聖公會女中，兩人都愛好游泳、打球，幾乎每天下了課，都要見面一次；尤其週末和星期假日，兩人更像一對熱戀的情人，不是消磨在電影院，便是在黎刹運動場，和別人比賽籃球或者溜冰。

淑美原來是個心地善良，生活簡樸，天眞活潑的女孩，自從和林梅琍、黃約希認識之後，性情大大地改變了，她喜歡穿漂亮的衣裳，坐小包車，愛看那些裸露的跳舞片子。她本來愛好音樂，可是家境貧寒，買不起鋼琴；正好遇着林梅琍的父親是開旅館的，非常富有，爲女兒特地買了一架新鋼琴回來。其實林梅琍並不喜歡彈琴，這架鋼琴擺在她們的客廳裏，不過做做裝飾品而已。淑美由於常去林梅琍家裏練琴的緣故，認識了梅琍的男朋友黃約希。

黃是一個花花公子，名義上在菲律賓大學唸一年級，其實他是幫共產黨工作的一個外圍人物，他的相貌，長得很英俊，瀟灑風流，最會跳舞；加之父親很有錢，可任他揮霍，許多女孩子，都喜歡和他做朋友，淑美不知不覺也墮入他的圈套。

克強自從發現淑美一天比一天對自己的態度冷淡之後，便感到非常傷心，他們在熱戀時，曾有過海誓山盟，無論世界變成什麼樣子，兩人的愛決不變心。

一個夏天的晚上，陳克強特地約楊淑美去倫禮沓海濱乘涼，淑美推說家裏有事不能前往，陳克強非常失望。回到家來，妹妹小梅看見哥哥垂頭喪氣，愁眉苦臉，知道他是爲了淑美的緣故；於是就安慰他，並告以淑美常和黃約希去馬里務海濱遊樂場跳舞；克強不相信，他馬上氣憤憤地趕至馬里務海濱，果然看見黃約希和淑美、林梅琍三人，在一隻小遊艇上飲酒作樂，陳克強憤慨萬分，恨不得立刻跳進海裏游上前去，把淑美推在海中淹死，然後自殺。

第二天，他跑去找淑美，淑美一口否認昨天與黃約希出遊，克強以爲自己看錯了人，還連聲向她道歉；不料這天淑美的態度，又恢復和過去一樣熱情了，原來她受了黃約希甜言蜜語的哄騙，要她說服陳克強，和她一塊兒到北平去升學。

陳克強從小熱愛祖國，常在報紙、雜誌和一些遊記上，看到北平的古蹟風景畫片，非常羨慕，他早就有心到那裏去遊歷；但自從共產黨竊據大陸之後，他便斷了這念頭；如今淑美提起，他很奇怪，何以淑美的思想轉變得這麼快？淑美說，黃約希的哥哥來信，證明大陸上一切都很進步，學校辦得很好，婚姻自由。並說：「如果你肯和我去，一到那邊，我們就宣布結婚。」陳克強正爲此事苦悶，家裏一向反對他和淑美戀愛，要他放棄讀書的計畫，幫助父親做小買賣，以維持家庭生活；但克強最愛讀書，他堅持要讀到大學畢業，如今聽說不花一文錢能進大學；而且連旅費也由共方那邊供給，實在太好了，於是在經過一夜考慮之後，就答應了淑美。

陳克強和楊淑美，黃約希和林梅琍，恰好是兩對，他們一同乘輪船赴香港；一上了船，黃約希的狐狸尾巴就露出來了，他和淑美、梅琍三人高聲唱着共產國際歌，和少年先鋒歌，並大聲罵臺灣政府如何如何不好，如何專制獨裁，克強始知上了大當；最令他不能忍受的，是黃約希那種嬉皮笑臉，拿女人開心的態度，完全像個流氓派頭，他居然當着克強面前，抱吻淑美、淑美不但不拒絕、不生氣，反引以爲榮。這時克強痛恨極了，但又敢怒而不敢言，他想救出淑美，又怕她的意志動搖，反而誤了自己的事，於是暗地裏下了決心，船到香港，他假借探望叔叔的名義上岸，就不再回到船上去了。

淑美在船上，久候克強不來，心裏非常着急，她了解黃約希是愛林梅琍的，對自己故意獻殷勤，不過是想利用她做工具，說服克強而已；如今克強不來，說不定還要把責任推到自己身上。

到了上海，他們就停住了，並沒有到北平去，因爲他們絕對沒有選擇地區，與選擇學校的自由，他們先進一個短期的僑生訓練班，把馬克斯主義，新民主主義，灌進他們的腦海裏之後，然後詳細調查他們每個人的家庭狀況。

充滿了樂觀的黃約希，以爲一到上海，就可以和林梅琍結婚，還可以和楊淑美同居，過着夢想已久的多角戀愛的生活；誰知他被分派到北平藝術學院，楊淑美和林梅琍也不在一塊兒。

林梅琍從小嬌生慣養，一點苦也不能吃的；如今突然過着吃大鍋飯，窩窩頭，紀律嚴格的生活；不但精神鬱悶，身體也一天不如一天了。

至於楊淑美呢？更是後悔萬分！她的心裏念念不忘陳克強，總是記着克強曾經勸她去臺灣升學那些話，她時時刻刻都在想法脫逃；然而太困難了！

＊　＊　＊

陳克強在香港停留了三天，被他的叔叔又把他送回了菲律賓；不久他參加了軍中服務團，來到臺灣，他親眼看到自由祖國，一切欣欣向榮的現象。他參觀了許多學校，碰到了好幾位昔日的同學，他們住在僑生宿舍裏，每個人都是那麼健康而快樂地在埋頭用功。

「我決定去臺灣升學。」

陳克強以堅決的語氣，對他的同學王明華說。

兩個月以後，他果然實現了他的志願，回到了自由祖國的懷抱；不幸的，是他在由菲律賓動身的前幾天，收到楊淑美寄自大陸的一封信，一字一淚，慘不忍睹；原來起初共幹看她長得漂亮，逼她賣淫，專門接待俄國大鼻子，傳染了一身梅毒，後來經她常常反抗，幾次逃走，被抓回來；另一幹部把淑美的病治好之後，又逼她與自己成婚，淑美死不願意，有天晚上，就懸樑自縊了。(完)

四十四年七月二十六日夜初稿於汐止靜修院

七十二年四月二十二日夜修改於美國三藩市

五版訂正序言

本書絕版到今天，整整七年了！

不知有多少讀者，曾經給我來信，詢問在何處可以買到「我怎樣寫作」，等收到我的覆信之後，他們又質問我：「爲什麼不再版呢？」

於是本書再版的問題，常常在腦海裏浮起；不過自從六十年八月三十一日夜，我在太平洋復旦輪上跌斷右腿之後，萬念俱灰，所有著作都不想再版；而且從此不想再寫文章，只願在念經靜坐之中，了此殘生。

不料回到臺北，師大校友何錡章老棣一見到我，寒暄之後，第一句話便是：「老師，我在師大教新文藝課的詩歌，許多同學問起您那本「我怎樣寫作」來，爲什麼不再版呢？」

「算了，不想再版了，我的寫作生涯既已告一個段落，就讓它絕版吧！」

「不！不！老師，這是一本對於青年朋友在寫作方面有幫助、有益處的書，爲什麼要絕版呢？」

聖水養命的故事

正當釋迦世尊，在祇園精舍宏揚佛法的時候，舍衛城中，有一位居士家裏的媳婦，生了一個白白胖胖的男孩，眞是人見人愛。

當他出生的那一天，正是久旱逢甘雨的時候，所有全國的人，都歡聲雷動，高興得發狂！孩子的父母，更是加倍的歡喜，他們馬上請了相師來給小寶寶看相，以預測他的未來。

相師把孩子的臉孔端詳了一番之後，便滿面笑容地說道：

「這眞是一個了不起的福相，他降生的時候，恰遇着普降甘霖，舉國騰歡，大家都在慶祝他的誕生。他在人間，將來一定是人類的救星；假如出世，必定成爲聖人。」

因此替他取名爲耶奢蜜多。

說來奇怪，這孩子生來不用哺乳，他的嘴裏有八種功德水自然地流出來，供他吮吸。那八種功德水呢？一者澄淨，二者清涼，三者甘美，四者輕軟，五者潤澤，六者安和，七者除患，八者增益，喝了它能增進智慧，延年益壽。

全家大小都喜歡這孩子，特別是他的父母，格外鍾愛他，很少讓他出去。等到年紀稍爲大了一點，就結交了幾個好朋友，出去遊覽山川。對於一切遊戲的事，他一點也不喜歡，只願意多聞佛法，出世度生。

這是耶奢蜜多一生最值得紀念的日子，他由父母陪同，進入祇園精舍，拜見迦釋世尊。看見三十二相，法光普照，如同千百個太陽射在頭上。他興奮得了不得，連忙跪在佛祖的腳下，求佛祖收他爲弟子。佛祖立刻答應了，他的頭髮很自然地脫光，穿上法服，就像沙門的樣子。從此他日夜精勤修持，不久成爲羅漢，得三明六通，具八解脫。

所謂三明，便是：一、得天眼智明，二、得宿命智明，三、得漏盡智明。六通是：天眼通、天耳通、他心通、宿命通、神足通、漏盡通。

八解脫，一名八背捨，是遠離欲界、色界、無色界三界的煩惱，解脫其被法塵繫縛的八種禪定。

從此，誰見了他，都發生無限的敬仰。

一天，有一位比丘，站起來合掌請問佛祖道：

「耶奢蜜多過去修了什麼福，在他降生的時候，普降甘霖，使遠近人民，歡欣鼓舞；更奇怪的是，他毋須吃奶，牙齒裏面自然有八種功德水供給他。又在很短的時間，能遇世尊度化，出家得道，究竟這是甚麼因緣呢？」

佛祖回答道：「在波羅奈國，有一個紳士，年紀很老了，他出家修行。因爲生性懶惰，不肯進修，每天睡到很晚才起來，也不燒香唸經。後來得了重病，請醫生來看，說他營養不良，應多吃酥油（註），以補不足。老和尚聽了醫生的話，於是吃了很多酥油。到了晚上，藥性大發，口渴難忍，他爬起來找水喝，奇怪，所有水壺裏，都是滴水未存；他再跑去水池旁邊，連池子裏也沒有一滴水。他實在不能忍受了，口渴的痛苦，等於火燒眉毛，他只好跑到河邊去。河裏像一片沙漠，他明白了，一定是自己的罪業太深，才有這種苦報。他深深地懺悔，就在河邊，把衣服脫下來，掛在樹上，他要坐在那裏挨到天明，然後才把一切實情，稟告師父。第二天，師父聽了他的報告之後就告訴他：『你遭受這樣的痛苦，像餓鬼一樣，既然知道懺悔了，我相信還有挽救的餘地。你現在可以將我缸裏貯藏的水，去送給每位法師喝，你自己不可以偷飲一滴。』『好的，好的，一切遵師命。』病和尚回答。他馬上去拿瓶取水，誰知一看，缸是空的並沒有水。這時他害怕極了，想到自己的命快要終結了，死了必

（註）印度人民，多養母牛，取乳煎酪，然後用酪熬酥，做出種種的精美食品，以酥代油，用做齋供，以表示恭敬。

墮餓鬼，就跑到佛祖面前，雙膝跪下，把一切經過情形，詳細地稟告佛祖，他顫聲地說道：『弟子罪業深重，現在遭此大災難，我害怕命終之後，墮入餓鬼道受苦，請求世尊，大發慈悲，救我一下。』佛祖沉思了一下告訴老比丘：『你要在眾僧之中，行好淨水，才能脫此餓鬼之身。』老比丘聽到佛祖答應救他，心裏高興的了不得，他靠佛祖的威力，隨便跑到什麼地方，都有很乾淨的清水，於是他經常向比丘裏面，常行淨水。過了兩萬年之後，他才命終。這就是他如今一生下來，牙齒中間，常有清淨八功德水流出，不用哺乳的原因。」

說到這裏，佛祖提高了聲調問：「你們大家都知道了吧？現在的耶奢蜜多，就是那時生病的老和尚啊，這就是遇佛得度的前因後果。」

本文主題，在說明貧苦的人，欲求後福，不用金錢，只要能發誠心，知道懺悔，盡自己的心力，長久做去，任用何物，都可以造福的。因爲自己的心，就是福田，只要時時刻刻進修，多聞佛法，多唸佛經，人人可以入聖，個個可以成佛。

三民叢刊1

邁向已開發國家

孫震 著

邁向已開發國家的過程中，先是追求成長與富裕，但富裕之後，仍有很多我們要追求的目標。作者孫震博士，曾參與臺灣發展的規畫，也對臺灣邁向已開發國家的前景充滿信心，但除了經濟上的成就外，作者更關心的是新時代來臨後的羣己問題、教育問題，正如這幾年來他所持續宣揚的——更重要的是邁向一個「富而好禮的社會。」

三民叢刊2

經濟發展啓示錄

于宗先 著

在多年的高度發展以後，臺灣的經濟也併隨產生了許多問題；諸如經濟自由化的落實、勞資雙方的爭議、產業科技的轉型、投機風氣的熾盛等等，都是目前迫切的課題，本書作者于宗先先生，以其經濟學者的關心，對這些問題提出其專業上的看法。而這些討論，將更能為臺灣進一步的發展提供可貴的啓示。

三民叢刊3

中國文學講話

王更生 著

從「關關雎鳩，在河之洲」開始，中國文學匯流成波瀾萬千，美不勝收的滄海。坊間介紹中國文學流變的書籍很多，但大多以政治朝代分期，無視於文學本身一貫的生命，而把文學以政治分期的手術刀隨意支解；本書突破以往陳陳相因的格式，改採以文學體裁為基據的敍述方式，將各種文體的流變以一氣呵成的方式介紹給讀者。以使讀者有遊目騁懷之快，也更能掌握中國文學整體的生命。

三民叢刊54

紅樓夢新解
紅樓夢新辨

潘重規　著

自蔡元培、胡適兩先生對紅樓夢熱烈討論之後，紅學已成為文史學中的一門顯學。在舉世風從胡氏的自傳說之後，潘重規先生獨持異議，發表論文主張紅樓夢是漢族志士反清復明之作，使學界對胡氏再做檢討，而開展紅學的另一新路。潘先生在香港新亞書院創設紅樓夢研究課程，刊行紅樓夢研究專輯，又於一九七三年獨往列寧格勒，披閱該處所藏乾隆舊抄本紅樓夢，發表論文，飲譽國際。歷年來潘先生與胡適、周汝昌、趙岡、余英時諸先生討論的文字及論文，今彙集為「紅樓夢新解」、「紅樓夢新辨」重加校訂出版，使讀者能一窺紅樓夢作者之眞意所在，暨紅學發展之流變。

三民叢刊6

自由與權威

周陽山　著

自由與權威並不是對立的觀念。一個眞正的權威，是使人自願接受的力量，服從一個眞權威並不會使人感覺不自由，相反的，他是指引人們進一步思考、發展的助力。而一羣人獨立的自由，也只有在權威設定了自由的範圍後才得以維續。作者周陽山先生，探索有關自由主義、權威主義、保守主義及各種激進思潮在中國的歷程多年。在本書中，作者進一步透過相關的國際知識發展經驗，檢討自由與權威，自由化與民主轉型，以及國家社會與民間社會等層面的理念，期為民主化的歷程建構一條坦途。

三民叢刊 7

勇往直前

石永貴 著

石永貴先生，絕對是大衆傳播界一個響亮的名字，在他任內，使新生報轉虧爲盈，發行量增加了一倍，也是在他任內，使臺視業績成長了四十四倍，並使臺視新聞確立了不移的口碑。他的成功經驗、勇氣和堅持，當可予人不同的啓示。本書即收集了石永貴先生自述其心路歷程的文字，從書中，我們可以看到他怎樣期待部屬，也看到要求自己，這些經驗和理念，不僅可讓傳播人獲益非淺，一般人讀了，也可獲知成功的理念何在。

三民叢刊 8

細微的一炷香

劉紹銘 著

劉紹銘先生爲海外知名學者，研究現代文學聲譽卓著。他以本名撰寫文學評論，以二殘筆名撰寫諷諭文章，文思流暢，刻畫生動，本書爲作者最新之文集，蒐集大陸民運前後發表的文評及雜文，除了析述海內外有關中國的文壇發展外，字裏行間所流露的對中國現勢及未來的痛心及關心，更是使人心動。

三民叢刊 9

文與情

琦 君 著

琦君的散文，溫柔敦厚，於自然中散發出細膩的情思，久已爲人稱譽。本書即收錄了他最近的作品，從日常生活中隨手拈來，自也透露出作者駕馭文字的純熟工夫。另外並有琦君向少執筆的小說及她第一次執筆的劇本，可看出作者對文字掌握的多面能力。不可不讀。

三民叢刊10

在我們的時代

周志文 著

「在我們的時代，希望很容易幻滅，但在一段沮喪過後，逃逸了的希望又常常不期然地像雨後的彩虹一般的在遠方出現。」本書收集作者兩年來在中時晚報所發表的時事短評，針對的人、事雖各有不同，但所抱持的理念是一致的，那就是一個人文學者對現世的關懷，與對未來猶不死滅的希望。作者以洗鍊的文筆，犀利的剖開事件上層層的迷障，讓我們得以見到更深刻的事實和理念。

三民叢刊11 12

中央社的故事

周培敬 著

六十年來，中央通訊社一直在中國新聞界的發展上扮演著重要的角色；從建立全國性的電訊網，收回外國通訊社發稿權，見證八年抗戰，親歷臺灣經濟奇蹟，目睹了退出聯合國，中央社一遍遍的做下時代的紀錄。它寫著這些年的歷史，從而也把自己寫進了歷史之中。

三民叢刊13

梭羅與中國

陳長房 著

美國作家梭羅以其《華爾騰》（或譯《湖濱散記》）一書呼喚人們在日常更深入的生活，創造更有意義、更爲快樂的生活，而聞名於世。其對生活的態度正與中國的孔、孟、老、莊思想有相契之處。作者陳長房先生層層爬梳，探究其間的關係，並論述了梭羅的作品及思想。透過這跨文化的比較，也許正可幫助我們在濁世中尋覓桃源。

三民叢刊14

時代邊緣之聲

龔鵬程　著

時代的邊緣人，不是無涉於世的出世者，他只是退居在時代激流之旁，以讀書、讀人、讀世自遣，以文字聊爲時代留下些註腳。本書即是以時代邊緣人的心情白謂而做的記述，偶或玩世不恭，亦曾獨立蒼茫，但終究掩不住其對時代的關切及奮激之情。

三民叢刊15

紅學六十年

潘重規　著

本書爲「紅學論集」的第三本，集中討論紅學發展，及列寧格勒《紅樓夢》手抄本的發現報告及研究。作者於《紅樓》眞旨獨有所見，歷年來與各方論辯之文章，亦收錄於書中，庶幾使讀者一窺《紅樓夢》之眞意所在，及紅學發展之流變。

三民叢刊16

解咒與立法

勞思光　著

近來臺灣的社會力在解除了身上的魔咒之後，一時四處噴發，整個社會因而孕育著新生和希望，也充滿了騷動和不安。勞思光先生以其治學的睿智，剖析社會紛亂的眞象，指出：「解咒」之後，必須「立法」，亦即建立新的規則，若在這一步上沒有成果，則所謂「進步」亦失去意義。值得吾人深思。

三民叢刊17

對不起，借過一下

水晶　著

「對不起，借過一下！」要借的是：在舉世滔滔，資訊爆炸的年代，各人心靈上的一點空間，來容納書中帶來之感性與理性的清涼。

本書為作者近作之散文及評論的合集，散文率從生活小事著墨，筆觸輕靈動人。評論主要針對張愛玲、錢鍾書二氏之作品，亦抉其幽微，篇篇可誦。

三民叢刊18

解體分裂的年代

楊渡　著

隨著歷史的前進，臺灣的生活方式由農業生活轉入了工業社會，生活方式的改變也帶來了社會結構，包涵政治、經濟等方面的結構解體、分裂，與重組，而重組的路究竟通向何方？改革？或是革命？作者近年來著力追尋改變的軌跡，肯定了改變的根源來自民間，其路向也該朝向人民的需求。書中文字即記錄了作者追尋過程中所注意到的種種現象，期能透過對這些現象的反省，從中得到記憶的力量。

三民叢刊19 20

德國在那裏 政治・經濟篇 文化・統一篇

郭恒鈺・許琳菲等著

一九九〇年，兩德的快速統一，使德國成為舉世矚目的焦點，也為其他仍處於分裂中的國家，樹立了一個典範，而「德國經驗」的成功，有其廣泛的背景。本書即是對二次世界大戰後的「德國經驗」作一次總回顧，有系統的介紹了聯邦德國政治、經濟、文化等等的制度概況，及兩德統一的過程和啓示，可為有心更瞭解德國的人作參考。

三民叢刊21

浮生九四

——雪林回憶錄

蘇雪林　著

蘇雪林女士是新文學運動中第一代的女作家，在文藝創作和學術研究上都有豐碩的成果。晚年她親自撰寫此書，敍述其一生的經歷，文藝創作的動機、及學術研究的進程。文筆質樸，字字眞實，不僅是個人的紀錄，也是時代的見證。

三民叢刊22

海天集

莊信正　著

「海內存知己，天涯若比鄰」。若能以文會友，與天下人相交往，實爲人生樂事。作者在書中所欲實現的，正是此一理想。全書共分三輯，第一輯論中國文學，第二輯談西洋文學，第三輯則屬於比較文學。論述地區包含中、美、英、法、俄，篇篇精到，爲不可多得之作。

三民叢刊23

日本式心靈

——文化與社會散論

李永熾　著

日本人具有複雜的民族性格，美國人類學家潘乃德曾以菊花與劍來象徵這種複雜與矛盾。李永熾先生在本書中，從日本人的家族組織、社會思想、文學及電影作品等方面深入剖析日本的文化與社會，藉由此書，將有助於我們更了解日本式心靈的面貌。

國立中央圖書館出版品預行編目資料

作家與作品／謝冰瑩著.--初版.--臺北市；三民，民80

面；　公分.--(三民叢刊)

ISBN 957-14-1797-1 (平裝)

1. 傳記

782.248　　80000941

©作　家　與　作　品

著　者　謝冰瑩

發行人　劉振强

出版者　三民書局股份有限公司

印刷所　三民書局股份有限公司

地址／臺北市重慶南路一段六十一號

郵撥／〇〇〇九九九八－五號

初　版　中華民國八十年五月

編　號　S 8521[illegible]

基本定價　[illegible]角柒分

行政院新聞局登記證局版臺業字第〇二〇〇號

ISBN 957-14-1797-1 (平裝)

三民叢刊30

冰瑩懷舊

謝冰瑩　著

本書蒐集的多爲作者對故人的追念文章。謝女士生平以眞心待人，至親好友的生離死別，對她尤其有特別深的感受，筆之爲文，更顯情誼，將人生遇合的不定，生非容易死非甘的難堪，描摹的十分貼切。性情中人，讀之必有所感。

三民叢刊27

冰瑩書信

謝冰瑩　著

寸筆短箋所成就的，不僅是一封封信件，更是一份心意。本書蒐集了謝冰瑩女士寫給她的小朋友、大朋友、老朋友們的信件，雖然對象不同，但作者對周遭人事的深厚關懷卻處處流露，細讀之下，更能體會字裏行間所蘊涵的溫暖之意。

三民叢刊28

冰瑩遊記

謝冰瑩　著

遊跡萬里，不僅能增廣見聞，且能開拓心胸，若身不能至，則一卷在手，神遊萬里，亦可一舒胸懷。透過謝冰瑩女士生動靈活的筆觸，常可使讀者有與之偕遊之感。或可稍補不能親臨之憾。

三民叢刊29

冰瑩憶往

謝冰瑩　著

記憶裏可能儘是些牽牽絆絆的事物，然而它也可以成為我們面對生活的力量。作者以清逸的文章，追述往日的點點滴滴，在歲月的流逝中，更堅定了她對創作，對生命永不懈怠的信念。